Wolfgang Constanza

Alemán en 10 días

Curso fácil con un
nuevo método

Índice

Primero día

Transcripción fonética (**TF**) y pronunciación

El alemán distingue los sonidos de vocales cortas de los sonidos de vocales largas. Una vocal es larga cuando se duplica (Meer méér mar), cuando es seguida por una 'h' (Stuhl stuul silla), cuando es seguida por una sola consonante (Tag taag día).
Una vocal es breve cuando es seguida por dos o más consonantes (Bett bét cama).
La sílaba acentuada está subrayada.

Vocales simples

Letra	TF	como la palabra	alemán	TF	español
a	**a**	barco (breve)	Ast	**a**st	rama
a	**aa**	madre (larga)	Paar	p**aa**r	par
e	e	proclamen	rosten	<u>ros</u>ten	oxidarse
	è	perro (abierta y breve)	messen	m<u>**è**</u>sen	medir
e	**èè**	mère(francés) (abierta y larga)	der	d**èè**r	el
e	**é**	debido (cerrada y breve)	elegant	é<u>le</u>gant	elegante
e	**éé**	José (cerrada y larga)	See	s**éé**	lago
i	**i**	como en español (breve)			

5

i	**ii**	salida (larga)	Stil	st**ii**l	estilo
ie	**ii**		Liebe	<u>l**ii**</u>-be	amor
o	**o**	costa	Oase	**o**<u>aa</u>se	oasis (breve)
o	**oo**	todo (larga)	Moor	m**oo**r	pantano
u	**u**	suspiro (breve)	Mutter	<u>m**u**</u>ter	madre
u	**uu**	nube (larga)	gut	**g**uu**t	bueno
y	**y**	yo	Yoga	<u>**y**oo</u>ga	yoga
		como 'u' francés	System	s<u>**y**téém</u>	sistema

Vocales modificadas

Las diéresis sobre las vocales se llamen **Umlaut** (<u>um</u>-laut)

ä	**è**	perro	fällen	f<u>**è**l</u>en	cortar
ä	**èè**	mère (francés)	Bär	b**èèr**	oso
ö	**oe**	n<u>eu</u>f (francés)	können	k<u>**oe**</u>nen	poder
ö	**oeoe**	qu<u>eue</u> (francés)	hören	h<u>**oeoe**</u>ren	oír
ü	**y**	's<u>u</u>d' (francés)	Rücken	r<u>**y**</u>ken	espalda
ü	**yy**	c<u>u</u>re (francés)	Düne	d<u>**yy**</u>ne	duna

Diptongos

Los diptongos son combinaciones de dos vocales en la misma sílaba.

ai	**ai** como **ai** en baile		Mai	m**ai**	mayo
ei			Eisen	<u>**ai**</u>sen	hierro
au	**au** como **au** en aula		Baum	b**au**m	árbol
äu	**oi** como **oi** en boina		läuten	<u>l**oi**</u>ten	tocar
eu			Leute	<u>l**oi**</u>te	gente

6

Consonantes

b	**b**	embargo	beben	<u>bée</u>ben	temblar
c	**k**	delante de a,o,u como c en
		cama	kosten	<u>kos</u>ten	costar
	ts	delante de ä, e, i y como **ts** españolas
			Cent	**ts**ent	céntimo
ch	**j**	bajo	Nacht	na**j**t	noche
	k delante de s		Lachs	la**ks**	salmón
d	**d** como la **d** en aldea	Dame	<u>daa</u>me	señora
g	**g** como la **g** en gracias	Gans	**g**ans	ganso
ge	**gue** como **gue** en guerra	geben	**guè**ben	dar
gi	**gui** como **gui** in guía	Gipfel	**gui**pfel	kumbre
h	**h'** aspiración, más suave que la j española.
	h En medio de palabra y al final de un vocablo es muda.	Herr	**h'**èrr	señor
			roh	roo**h**	crudo
j	**ll** como **ll** in llegar	jagen	**lla**guen	cazar
n	**n**	noche	Nacht	na**j**t	noche
ng	**ng** como la **ng** en bongo
			bringen	<u>bring</u>en	traer
qu	**kv**		Quelle	<u>kv</u>è-lé	fuente
r	**r**	puerta	Tür	tyy**r**	puerta
	rr	jarra	Herr	h'è**rr**	señor
s,ss,ß	**s** como la **s** sorda en santo	lassen	<u>las</u>en	dejar
	s como la **s** sonora en Li<u>s</u>boa	Saal	<u>s</u>aal	sala
sch	**sh** como la **sh** inglés en ‚fi**sh**'
			Fisch	fi**sh**	pescado
<u>sch</u>	**<u>sh</u>** como la g francés en génie
			Garage	ga<u>ra</u>she	garaje
st	**sht** al inizio de palabra	Stuhl	**sht**uul	silla
	st en medio y al final de palabra
			rasten	<u>ras</u>ten	descansar
v	**v** como la **v** en uva	Vase	<u>vaa</u>-<u>s</u>é	florero
	f como la **f** española	Vater	<u>faa</u>-tèr	padre

7

w	v como la v española	Welt	vèlt	mundo
x	ks como en taksi	Taxi	ta<u>ks</u>i	taxi
z	ts como ts españolas	zahlen	<u>ts</u>aa-len	pagar

Además, hay una buena manera de aprender la pronunciación:
Si 'Google' traduce un texto en español en un texto en alemán, se puede **escuchar** el texto en alemán.

La pronunciación del alfabeto

A **a** B **béé** C **tséé** D **déé** E **éé** F **èf** G **guéé** H **h'aa** I **ii** J **llot** K **kaa** L **èl** M **ém** N **én** O **oo** P **péé** Q **kuu** R **èr** S **ès** T **téé** U **uu** V **fau** W **véé** X **iks** Y **yp-silon** Z **tsèt**

Abreviaturas

E	ejemplo
R	regla
m	masculino
f	femenino
n	neutro
sg	singular
pl	plural
V	parte voluntaria

Por favor aprender las palabras con subrayado en el vocabulario de <u>abrigo</u> a <u>bebida</u>.

Por favor, leer el siguiente texto en voz alta. Es de gran importancia: leer, hablar y escuchar el texto al mismo tiempo.

El control aduanero / Die Zollkontrolle

Aeropuerto en Múnich
una turista T / funcionario de aduanas F

F Buenos días. Guten Tag (guu-ten taag). Su pasaporte, por favor. Ihren Pass bitte (iiren pas
bi-te). El pasaporte está caducado. Der Pass
ist abgelaufen (dèèr pas ist ab-gué-laufen).

T He aquí mi tarjeta de identidad. Hier ist mein
Personalausweis (hiir ist main pèrso-naal-
ausvais). Este mes he *viajado* por España. In
diesem Monat bin ich durch Spanien *gereist*
(in diisem moonat bin ich durch shpaanien
gué-raist). ¿Hay algo de nuevo en Alemania?
Gibt es etwas Neues in Deutschland (guibt és
ét-vas noi-es in doitshland)?

F *No* sé *nada* de nuevo. Ich weiß *nichts* Neues
(ich vais nichts noi-es). ¿Tiene algo que
declarar? Haben Sie etwas zu verzollen (haa-
ben sii ét-vas tsu fèr-tso-len)?

T *No* tengo *nada* que declarar. Ich habe *nichts*
zu verzollen (ij h'aa-be nichts tsu fèr-tso-len).

F ¡Abrir esta maleta! Öffnen Sie diesen Koffer
(oef-nen sii dii-sen ko-fèr)! Ahora sé algo de
nuevo para usted. Jetzt weiß ich etwas Neues
für Sie (llétst vais ich ét-vas noi-es fyyr sii).
Ha de *pagar* aduana sobre esto. Sie müssen
für das hier Zoll *bezahlen* (sii my-sen fyyr
daas hiir tsol bé-tsaa-len).

T Pero esto es un regalo. Aber das ist ein
Geschenk (a-bèr daas ist ain gué-shénk).

F ¿Para quién? Für wen (fyyr wéén)?

T Para usted. Für Sie (fyyr sii).

F Muchas gracias. Ich danke Ihnen (iinen).

9

Segundo día

El artículo definido

E El alemán y la española aman la patria.
   Der Deutsche und **die** Spanierin lieben **das** Vaterland.

pl **Die** Deutschen und **die** Spanierinnen lieben **die** Vaterländer.

R Hay tres articulos determinados:
   El articulo masculino: **der** (dèèr) **R 1**
   El articulo femenino: **die** (dii)
   El articulo neutro: **das** (daas)
   El plural del articulo determinado: **die** (dii).
   El género y el número del artículo dipende del nombre.

El artículo indefinido

E Un alemán y una española tienen una cita amorosa.
   Ein Deutscher (1) und **eine** Spanierin (2) haben **ein** Schäferstündchen (3).

pl Deutsche und Spanierinnen haben Schäferstündchen.

R Hay dos artículos indeterminados:
   el artículo masculino (1) y neutro (3): **ein** (ain) el artículo femenino (2): **eine** (aine)
   En el plural no se utilizan artículos indefinidos.

Casos

E Karl le da la rosa a Stella.
   Karl schenkt Stella die Rose. (1)

R **Nominativo**: Was (vaas) / qué? Wer (vèèr) / quién? (Karl).

Acusativo: Wen (véén) / a quién? Was (vaas) / qué? (la rosa).

Dativo: Wem (véém) / a qué, a quién? (a Stella).

Genitivo: wessen (<u>vé</u>-sen) / de qué, de quién? El genitivo expresa la posesión. La persona / cosa que posee es para el *genitivo*.

E Die Rose *Stellas*. La rosa de Stella.

(1) En alemán, el nombre en el dativo es seguido por el nombre en el acusativo.

Declinación del artículo definido

Tabla 1: <u>Declinación del artículo definido</u>

	N	A	D	G
m	**der**	den	dem	des
f	**die**	die	der	der
n	**das**	das	dem	des
pl	**die**	die	den	der

N nominativo   A acusativo   D dativo
G genitivo

Ver tabla 15, capitolo 10

<u>Regla mnemotécnica</u>:

El padre saluda al hijo en el andén de la estaci-ón. **Der** Vater begrüßt **den** Sohn (**R 14**) auf **dem** Bahnsteig **des** Bahnhofs. La mujer ve la blusa en la ventana de a boutique. **Die** Frau sieht **die** Blu-se (**R 5**) in **der** Vitrine (**R 11**) **der** Boutique.

El niño ve el juguete en el escaparate de la tienda. **Das** Kind sieht **das** Spielzeug in **dem** Schaufenster **des** Ladens.

Los niños ven los juguetes en los escaparates de las tiendas. **Die** Kinder sehen **die** Spielzeuge in **den** (**R 29**) Schaufenstern **der** Läden.

Contracciones

Puede formar contracciones de la siguiente manera. La última letra del artículo definido > la última letra de la contracción: an de**m** > a**m** (**R 17**), bei de**m** > bei**m**, in de**m** > i**m** (**R 2**), von de**m** > vo**m** (**R 31**), zu de**m** > zu**m** (**R 3**), zu de**r** > zu**r** (**R 4**), an da**s** > an**s**, auf da**s** > auf**s**, durch da**s** > durch**s**, für da**s** > für**s**, in da**s** > in**s** (**R 16**), um da**s** > um**s**.

Declinación del artículo indefinido

Tabla 2: Declinación del artículo indefinido

	N	A	D	G
m	**ein**	ein ...	ein ...	ein **...**
f	**eine**	eine	ein ... (**R 13**)	ein **...**
n	**ein**	ein	ein ...	ein …

Regla mnemotécnica:
Un hombre pensa: mirando un espejo una mujer ve a una mujer, una chica ve a una chica,.
Ein Mann denkt: einen Spiegel (**R 6**) betrachtend sieht **eine** Frau eine Frau. (**R 10**) , sieht **ein** Mädchen ein Mädchen.

Use un lápiz para escribir las terminaciones faltantes según la siguiente regla:
R El artículo indefinido si declina de la siguiente manera:
ein + **las últimas dos letras del artículo definido. (R 32**).
Ver tabla 15, capitolo 10, número 1

Números cardinales / Grundzahlen

0 null (nul)
1 eins (ains)
2 zwei (tsvai)
3 drei (drai)
4 vier (fiir)
5 fünf (fynf)
6 sechs (séks)
7 sieben (sii-ben)
8 acht (ajt)
9 neun (noin)
10 zehn (tséén)
11 elf (èlf)
12 zwölf (tsvoelf)
13 dreizehn (drai-tséén)
14 vierzehn (fiir-tséén)
15 fünfzehn (fynf-tséén)
16 sechzehn (sèj-tséén)
17 siebzehn (siib-tséén)
18 achtzehn (ajt-tséén)
19 neunzehn (noin-tséén)
20 zwanzig (tsvan-tsig)
21 einundzwanzig (ain-und-tsvan-tsig)
22 zweiundzwanzig (tsvai-und-tsvan-tsigk)
30 dreißig (drai-sig)
40 vierzig (fiir-tsig)
50 fünfzig (fynf-tsig)
60 sechzig (sèj-tsig)
70 siebzig (siib-tsig)
71 einundsiebzig (ain-und-siib-tsig)
72 zweiundsiebzig (tsvai-und-siib-tsig)
80 achtzig (ajt-tsig)
81 einundachtzig (ain-und-acht-tsig)
90 neunzig (noin-tsig)

100 hundert
101 hunderteins
(h'un-dèrt ains)
200 zweihundert
(tsvai-h'un-dèrt)
1000 tausend (tau-send)
1000000 eine Million
(ai-ne mili-on)

R   Del 13-19: el número cardinal + zehn, por ejemplo: Dreizehn. Excepciones: sechszehn > **sechzehn**, siebenzehn > **siebzehn**.
A partir de 22 tomamos el número cardinal + und + decena, por ejemplo: zweiundzwanzig.

V Números ordinales / Ordnungszahlen

Der, die, das

erste	<u>érs</u>-te
zwei **te**	<u>tsvai</u>-te
dritte	<u>dri</u>-te
vier **te**	<u>fiir</u>-te
fünf **te**	<u>fynf</u>-te
sechs **te**	<u>séks</u>-te (**R7**)
siebte	<u>siib</u>-te
achte	<u>aj</u>-te
neun **te**	<u>noin</u>-te
zehn **te**	<u>tséén</u>-te
zwanzig **ste**	<u>tsvantsig</u>-ste

R   Los números ordinales se forman de la siguiente manera: el número cardinal + la desinencia- **te**, dal 20 el número cardinal + la desinencia- **ste**.
Excepciones: der/die/das **erste**, **dritte**, **siebte**, **achte**.

V Números quebrados / Bruchzahlen

R   Número ordinal + **l** > número quebrado.
E   dritte + **l** > Drittel, vierte + **l** > Viertel
sechste + **l** > Sechstel (**R7**)
Excepción: ½ ein halb

V La fecha

R **Los números ordinales** se usan para la fecha.
E ¿Cuántos tenemos hoy? Den Wievielten haben wir heute (déén vi-<u>fiil</u>-ten <u>h'aa</u>-ben viir <u>h'oi</u>- te)?
Hoy es el 2 de abril. Heute ist **der zweite April** (<u>hoi</u>-te ist dèèr <u>tsvai</u>-te a-<u>pril</u>).

R Para especificar la fecha de un evento, se usa la palabra 'am'. (**R 18**)
E Nací el 2 de abril. Ich bin **am** zweiten April geboren.

R Para indicar el mes y la estación, se usa la palabra '**im**'.
E En junio / verano. **Im** Juni / Sommer (im <u>iuu</u>-ni <u>so</u>-mer).

Para indicar el año indicamos los dos primeros números en números cardinales, luego la palabra 'hundert' y luego los otros dos siempre en números cardinales, por ejemplo:
1999 neunzehn-hundert-neunundneunzig.
Desde el año 2000 en adelante se dice que el número de cuatro dígitos es el número cardinal, por ejemplo:
2016 zweitausendsechzehn.

Hay dos formas de indicar el año, por ejemplo:
2000. Zweitausend o im Jahr zweitausend.
Para indicar las fiestas se usa la preposición **an** / **zu**. En Pascua **an** / **zu** Ostern (an tsu <u>oo</u>-stèrn).

V Qué hora es?

Qué hora es? Wie viel Uhr ist es (vii fiil uur ist és)? o: Wie spät ist es (vii shpèèt ist és)?

Es ist 4.00 vier Uhr (fiir uur) 4.10 zehn Minuten nach vier (tséén mi-<u>nuu</u>-ten naj viir) (1) 4.15 Viertel nach vier (<u>fiir</u>-tel naj fiir) (2) 4.30 halb fünf (h'alb fynf) (3) 4.40 zwanzig Minuten vor fünf (<u>tsvan</u>-tsig mi-<u>nuu</u>-ten foor fynf) (4) 4.45 Viertel vor fünf (<u>fiir</u>-tel foor fynf) 5.00 fünf Uhr (fynf uur).

R 1 Hasta media hora usamos la preposición 'nach' y contamos con respecto a la hora pasada.

 2 Un cuarto se llama 'Viertel'.

 3 Para indicar la media hora contamos con respecto a la hora siguiente.

 4 Más allá de la media hora usamos 'vor' y contamos con respecto a la hora siguiente.

 Para indicar el horario official, la regla es:
 Primera hora, después de minutos.
 4.10 vier Uhr zehn (fiir uur tséén)

R Cuando se le preguntó ¿a qué hora? o ¿cuándo? responder por **um** + hora. (**S 25**)

E ¿Vienes a qué hora? Um wie viel Uhr kommst du?
 Vengo a las diez en punto / ich komme **um** zehn Uhr.

¿Dónde está la estacion? Wo ist der Bahnhof?

Lugar: Múnich
un turista T, una passante P

T Perdone, señora. Entschuldigung, meine Dame (ént-<u>shul</u>-digung <u>mai</u>-ne <u>daa</u>-me). ¿Dónde está la estación? Wo ist **der** Bahnhof (voo ist dèèr <u>baan</u>-h'oof)?
P En el centro. **Im** Zentrum (im <u>tsén</u>-trum).
T ¿Se puede ir a pie? Kann man zu Fuß gehen (kan man tsu fuus <u>gué</u>-hen)?
P No es posible porque la estación está a una distancia de diez kilómetros. Das ist nicht möglich, weil der Bahnhof 10 Kilometer entfernt ist (daas ist nicht <u>moeoeg</u>-lich vail dèèr baanhoof 10 kilomééter entfèrnt ist).
T ¿Cómo se va a la estación de tren? Wie kommt man **zum** Bahnhof (vii komt man tsum <u>baan</u>-h'oof)?
P Para ir a la parada de autobús tiene que seguir todo recto hasta el semáforo después girar a la derecha y coger la segunda calle a la derecha. Um **zur** Bushaltestelle zu kommen müssen Sie immer geradeaus gehen bis zur Ampel, dann rechts abbiegen und **die** zweite Straße rechts nehmen (um tsuur <u>bus</u>-haltéshtélle tsu <u>ko</u>-men <u>my</u>-sen sii <u>i</u>-mer guéraade-<u>aus</u> <u>gué</u>-hen bis tsuur <u>am</u>-pel dan rèjts <u>ab</u>-biiguen und dii <u>tsvai</u>-te <u>shtraa</u>-se rèchts <u>néé</u>-men). Para ir a la estación de metro tiene que *atravesar* esta plaza después seguir todo recto hasta el cruce y girar a la izquierda. Um zur Metrostation zu kommen müssen Sie diesen Platz *überqueren*,

17

dann geradeaus gehen bis zur Kreuzung und links abbiegen (um tsuur <u>métro</u>-shtatsion tsu <u>ko</u>-men <u>my</u>-sen sii <u>dii</u>-<u>s</u>en plats yybèr-<u>kvéé</u>-ren dan geraade-<u>aus</u> <u>gué</u>-h'en bis tsuur <u>kroi</u>-tsung und links <u>ab</u>-biiguen).

T ¿Qué metro va a la estación? Welche Unter-grundbahn fährt zum Bahnhof (<u>vél</u>-je <u>un</u>tèr-grundbaan fèèrt tsum <u>baanh</u>'oof)?

P Tiene que *coger* el metro numero U2. Sie müssen die U-Bahn U2 *nehmen* (sii <u>my</u>-sen dii <u>uu</u>-baan u tsvai <u>néé</u>-men).

T ¿Cuántas paradas quedan para la estación? Wie viele Haltestellen sind es bis zum Bahn-hof (vii <u>fii</u>-le <u>h'alte</u>shtélen sind és bis tsum <u>baanh</u>'oof)?

P Lo siento; no lo sé. Es tut mir leid; ich weiß es nicht (es tuut miir laid ich vais es nijt).

T Muchas gracias. Vielen Dank (<u>viil</u>en dank).

Pregunta 1 (P1): **der** ¿qué género? **Respuesta 1 (R1)**: capítulo 2 (C2)
P2: **im** ¿qué contracción? **R2**: C2 **P3**: **zum** ¿qué contracción? **R3**: C2 **P4**: **zur** ¿qué contracción? **R4**: C2 **P5**: **die** ¿qué caso? **R 5**: C2

Amigos equivocados

'Amigo equivocado': una palabra **alemana** que es igual o similar a una palabra en *español*, pero tiene un significado diferente.

Balón / Ball m	**Ballon** m / globo
Bombón / Praline f	**Bonbon** n / caramelo
Endibía / Chicorée m	**Endivie f** / escarola

<u>Otros amigos equivocados</u>:
C 4 página 33 y C 9, p.78
Por favor aprender las palabras con subray-ado en el vocabulario de <u>bicicleta</u> a <u>comer.</u>

Tercero día

Los sustantivos

E El alemán y la española aman la patria.

.   Der **D**eutsche und die **S**panierin lieben das **V**aterland.

R El sustantivo alemán puede ser:
masculino (der **D**eutsche)
femenino (die **S**panierin)
neutro (das **V**aterland)

Todos los sustantivos comienzan con una letra **mayúscula**.

V <u>El género de los sustantivos</u>

<u>Masculino</u>: Personas con sexo masculino. Los nombres de los autos.

E El periodista informa la carrera del estudiante de doctorando al productor y al presidente.
Der Journal**ist** informiert über die Karriere vom Doktor**and** zum Fabrik**ant** und Präsid**ent**.
Sustantivos con la terminación **-ist, -and, -ant, -ent.**

<u>Femenino</u>: Personas con sexo femenino. Los números cardinales con un artículo (die Vier).

E Pablo va a la biblioteca, compra un periódico y se informa de la posibilidad de curar la enfermedad suya a través de la ciencia médica.
Pablo geht in die Büch**erei**, kauft eine Zeit**ung** und informiert sich über die Möglich**keit**, seine Krank**heit** durch die medizinische Wissen**schaft** zu heilen.
Sustantivos con la terminación: **-ei**, **-ung**, **-keit**, **-heit**, **-schaft.**

Neutro:

E El niño primero aprende la lengua más tarde las letras.

Das Kind lernt zuerst die Sprache, später die Buchstaben.

R Los jóvenes (das Kind), las lenguas (das Deutsch), las letras (das B).

Los colores (el azul / das Blau), los nombres de los metales (el oro / das Gold), los nombres colectivos (el montaña / das Gebirge).

Los diminutivos que se forman con el sufijo: **-lein** y **-chen** (la señorita / das Frau**lein**, la chica / das Mäd**chen**).

V Formas del plural

E Los autos conducen por las calles. Las conductoras ven a través de las ventanas los estanques.

Die Autos (1) fahren auf den Straßen (2). Die Fahrerinnen (3) sehen durch die Fenster (4) die Teiche (5).

R 1 **-s** (Auto > *Auto***s**): palabras extranjeras, sustantivos que terminen en -*a*, -*u*, -*o*, -*i*.

2 **-n** (Straße > Straße**n**): a menudo en sustantivos femeninos.

-en: siempre en sustantivos que terminen en **-ei**, **-ung**, **-keit**, **-heit**, **-schaft**.

3 **-nen** (Fahrerin > Fahrerin**nen**) Sustantivos femeninos que terminen en **-in** toman la terminación **-nen** en el plural.

4 (Fenster > Fenster) Misma terminación en sg y pl.

E La señorita lleva una capa. La chica lleva un jersey y un niño en su espalda. Das Fräu**lein** trägt einen Mant**el**. Das Mäd**chen** trägt einen Pullov**er** und ein Kind auf dem Rück**en**.

Misma terminación en sg y pl: siempre en sustantivos que terminen en **-lein, -chen** normalmente en sustantivos que terminen en **-el**, **-er**, **-en**.

5 **-e** (Teich > Teich**e**): a menudo en sustantivos de una sílaba.

V Sustantivos compuestos

Los sustantivos compuestos se forman juntando dos o más palabras. Sustantivo + sustantivo: Brief + Kasten > Briefkasten (buzón), un verbo y un sustantivo: schlafen + Wagen > Schlafwagen (coche de literas) (**R8, R25**) un adjetivo y un sustantivo: halb + Pension > Halbpension (media pensión) un adverbio y un sustantivo: zusammen + Arbeit > Zusammenarbeit (cooperación). **El género y la terminación plural es definida por la última parte del sustantivo compuesto:** Der Eintritt + **die** Karte > **die** Eintrittskart**e,** die Eintrittskart**en** (pl).

V Nombres de profesión

R *Profesión masculina* + **-in** >
   profesión femenina.

E Journalist + **-in** > Journalist**in**.

Algunas denominaciones de profesión masculinas y femeninas terminan en **-mann** o **-frau**.

E Geschäfts**mann** (hombre de negocios),
   Geschäfts**frau** (mujer de negocios).

   En el plural de esos sustantivos aparece la terminación **-leute**: die Geschäfts**leute** (los negociantes)

21

Días de la semana

lunes	Montag <u>mon</u>-taag
martes	Dienstag <u>diins</u>-taag
miércoles	Mittwoch <u>mit</u>-voch
jueves	Donnerstag <u>do</u>-nèrs-taag
viernes	Freitag <u>frai</u>-taag
sábado	Samstag <u>sams</u>-taag
domingo	Sonntag <u>son</u>-taag

Meses

enero	Januar ll<u>a</u>-nuar
febrero	Februar <u>fé</u>-bruar
marzo	März mèrts
abril	April a-<u>pril</u>
mayo	Mai mai
junio	Juni <u>iuu</u>-nii
julio	Juli <u>iuu</u>-lii
agosto	August au-<u>gust</u>
septiembre	September sep-<u>tém</u>-ber
octubre	Oktober ok-<u>too</u>-ber
noviembre	November no-<u>fém</u>-ber
diciembre	Dezember dé-<u>tsém</u>-ber

Temporadas

primavera	Frühling <u>fryy</u>-ling
otoño	Herbst h'èrbst
verano	Sommer <u>so</u>-mer
invierno	Winter v<u>in</u>-ter

La huelga / Der Streik

Estación en Múnich
un turista T, un empleado E

T (*delante de la ventanilla* / *vor dem Schalter*)
¿A qué hora sale el tren para Berlin? Um wie
viel Uhr fährt der nächste Zug nach Berlin
(um vii fiil uur fèèrt dèèr nèk-ste tsuug nach
bèr-liin)?

E No lo sé. Ich weiß es nicht (ij vais és nijt). El
tren está retrasado. Der Zug ist verspätet
(dèèr tsuug ist vèrshpèètet). Desde hace poco
tiempo en lugar de horario *tenemos* una huelga. Seit kurzer Zeit *haben wir* an Stelle des
Fahrplans **einen** Streik (sait kurtser tsait
h'aa-ben wiir an sté-le des faar-plaans ainen
shtraik).

T Qué mala suerte. Was für ein Pech (vaas fyyr
ain pej). ¿De qué andén *sale* el tren? Von welchem Bahnsteig *fährt* der Zug *ab* (fon vél-jem
baan-staig fèèrt dèèr tsuug ab)?

E Del andén número uno, vía dos. Vom Bahnsteig Nummer eins, Gleis zwei (fom baan-
staig numer ains glais tsvai).

T ¿Tengo que cambiar de tren? Muss ich umsteigen (mus ij um-shtaiguen)?

E Sí, tiene que cambiar de tren en Göttingen. Ja,
Sie müssen in Göttingen umsteigen (lla sii
my-sen in goetinguen um-staiguen).

T ¿Puedo tomar el enlace para Berlin? Habe
ich Anschluss nach Berlin (h'aa-be ij anshlus
nach bèr-liin)?

E Sí,usted enlaza con el tren para Berlin. Ja, Sie
haben Anschluss an den Zug nach Berlin (lla

23

sii <u>h'aa</u>-ben <u>an</u>-shluss an déén tsuug naj ber-<u>liin</u>).

T ¿Cuánto tiempo dura el viaje? Wie lange dau-ert die Fahrt (vii <u>lan</u>-gue <u>dau</u>-ert dii faart)?

E Normalmente sólo cinco horas pero hoy por la huelga ocho horas. Normalerweise **sechs** Stunden, aber heute wegen des Streiks acht Stunden (nor-<u>ma</u>-lèr-vaise fynf <u>shtun</u>-den <u>aa</u>-bèr <u>h'oi</u>-te wèèguen des shtraiks ajt <u>shtun</u>-den).

T ¿Hay un coche-cama? Gibt es einen **Schlaf-wagen** (guibt és <u>ai</u>-nen <u>shlaaf</u>vaaguen)?

E Sí, pero *por* la huelga sólo hasta Göttingen. Ja, aber *wegen* des Streikes nur bis Göttingen (llaa <u>aa</u>-ber <u>vèè</u>-guen dés <u>strai</u>-kes nuur bis <u>goe</u>-tin-guen).

T Quisiera un asiento de ventanilla en cochecama. Ich möchte einen Fensterplatz im Schlaf wagen (ij <u>moech</u>-te <u>ai</u>-nen <u>fénster</u>plats im <u>shlaaf</u>vaaguen). Un billete de ida y vuelta, la vuelta sin huelga, por favor. Eine Fahrkarte hin und zurück, die Rückfahrt bitte ohne Streik (<u>ai</u>-ne <u>faar</u>-karte h'in und tsu-<u>ryk</u> dii <u>ryk</u>-faart <u>bi</u>-té <u>oo</u>-ne shtraik).

P6: **einen** ¿qué género, caso? **R6**: C2

V **P7**: **sechs** ¿número ordinale / quebrado? **R7**: C2

P8: **Schlafwagen** ¿componentes del sustantivo compuesto? **R8**: C3

Por favor aprender las palabras con subrayado en el vocabulario de <u>comida</u> a <u>ensalada</u>.

24

Cuarto día

Adjetivos

E La madre española ama a su marido alemán
y a sus hermosas hijas.
Die spanische Mutter liebt ihren deutsch**en**
Ehemann und ihre schön**en** Töchter.

R Los adjectivos tienen diferentes terminaciones
según **el género, el caso y el número** del sustantivo.
Los adjetivos preceden al nombre. (**R12**)

E El padre mira a la hermosa hija / a las hermosas hijas. Der Vater betrachtet die schön**e**
Tochter / die schön**en** Töchter.

R Como en español, el adjetivo attributivo se
basa en el nombre.

E La hija es hermosa. Las hijas son hermosas.
Die Tochter ist **schön.**
Die Töchter sind **schön.**

R Adjetivos en uso predicativo (no delante un
sustantivo) siempre tienen la misma forma **sin
terminación adaptada**.

Los grados de comparación

E B es tan hermosa como A. B ist **so** schön **wie**
A. **so** + adjetivo + **wie**
C es más hermosa que B. C ist schön**er als** B.
adjetivo + **er** + **als** (comparativo)
C es menos hermosa que D. C ist **nicht so**
schön **wie** D.
nicht so + adjetivo + **wie**
D es la mujer más hermosa y más interesante.
D ist die schön**ste** und interessant**este** Frau.

adjetivo + -ste o -este (superlativo) **(R9)**
D es la más hermosa y interesante. D ist **am**
  schön**sten** / **am** interessant**esten**
  am + adjetivo + **sten** / **esten**

V Los adjetivos monosilábicos que tengan una
-a, -o -u, en el comparativo y en el superlativo obtienen una modificación de la vocale:
lang (largo), länger, am längsten
jung (joven) jünger, am jüngsten.

Para falicitar la pronunciación uno puede
eliminar una 'e':
teuer (caro) teuerer > teu(e)rer > teurer.

Formas irregulares de comparación

gern (bien) lieber (l<u>ii</u>-ber) am liebsten (l<u>iib</u>-sten)

gut (bueno) besser (b<u>é</u>-ser)   am besten (b<u>é</u>-sten)

viel (mucho) mehr (méér) (**R 28**) am meisten
(<u>mai</u>-sten)

oft (a menudo) öfter (<u>oef</u>-ter) am häufigsten
(h'<u>oi</u>-figsten)

hoch (alto) höher (h'<u>oeoe</u>-er) am höchsten
(h'<u>oek</u>-sten)

nah (cerca) näher (n<u>èè</u>-er) am nächsten (<u>nèk</u>-
sten)

groß (grande) größer (gr<u>oeoe</u>-ser) am größten
(gr<u>oeoe</u>-sten)

26

Tabla 3: <u>Declinación del adjetivo con el</u>
<u>artículo definido</u>

	N	A	D	G
	der	....	....	....
m	schö<u>ne</u>	schön ...	schön ...	schön ...
	Mann	....	....	Mann ...
	die	die	....	....
f	schö<u>ne</u>	schö<u>ne</u>	schön ...	schön ...
	Frau	Frau	....	....
	das	das	....	....
n	schö<u>ne</u>	schö<u>ne</u>	schön ...	schön ...
	Mädchen	Mädchen		Mädchen ..
	die	die	....	....
pl	schön **...**	schön ...	schön **...**	schön **...**
	Töchter	.....	Töchter ...	.....

<u>Regla mnemotécnica</u>:
El hombre guapo piensa: mirandose en el espejo
la bella mujer ve a la bella mujer, la bella chica
ve a la bella chica.
Der <u>schöne</u> Mann denkt: den Spiegel betrachtend
sieht die <u>schöne</u> Frau die <u>schöne</u> Frau, sieht das
<u>schöne</u> Mädchen das <u>schöne</u> Mädchen.
Los artículos (der, die, das) indican el género del
adjetivo. Por lo tanto, no es necesario que la
terminación adjetival indique el género. Todos
los adjetivos tienen la misma terminación: **-e**.

Completa la tabla 3 según las reglas 1-3:
Regla 1: Declinación del artículo definido
     Ver tabla 15, C10.
Regla 2: los adjetivos tienen la terminación **-en**.
 (**R 30**)

Regla 3: Los nombres son iquales. Excepciones:
En el genitivo singular la mayoría de los nombres
masculinos y neutros añade la terminación -es
(des Mann**es**) o -s (des Mädchens). En el dativo
plural, la mayoría de los nombres tiene la
terminación -**n** (den Töchter**n**) o -**en**.

Tabla 4: <u>Declinación del adjetivo con el
artículo indefinido</u>

	N	A	D	G
	ein	ein….	ein ...	ein ...
m	<u>schön**er**</u>	schön ...	schön ...	schön **...**
	Mann	Mann	Mann	Mann**es**
	eine	eine	ein ...	ein ..
f	<u>schöne</u>	<u>schöne</u>	schön **...**	schön **...**
	Frau	Frau	Frau	Frau
	ein	ein	ein ...	ein ...
n	<u>schön**es**</u>	<u>schön**es**</u>	schön ...	schön **...**
	Mädchen	Mädchen	Mädchen	Mädchen**s**
pl	<u>schöne</u>	<u>schöne</u>	schön ...	schön ...
	Frauen	Frauen	….	Frauen

<u>Regla mnemotécnica</u>:

Un hombre guapo piensa: mirando al espejo una
bella mujer ve a una mujer hermosa, una chica
hermosa ve a una chica hermosa, hermosas
mujeres ven a las mujeres hermosas.
Ein <u>schön**er**</u> Mann denkt: den Spiegel betrachtend, sieht eine <u>schöne</u> Frau eine <u>schöne</u> Frau,
sieht ein <u>schön**es**</u> Mädchen ein <u>schön**es**</u> Mädchen, sehen <u>schöne</u> Frauen <u>schöne</u> Frauen.
El artículo 'ein' no indica el género del adjetivo.
Por lo tanto, es necesario que la terminación del

adjetivo indique el género. La terminacíon **-er** (schön**er**) indica el género **masculino**. La terminación **-es** (schön**es**) indica el género **neutro**.

Completa la tabla 4 según las reglas 1 > 2:
Regla 1: Declinación del artículo indefinido
Ver Tabla 15, C 10, Nr 1.
Regla 2: Los adjetivos con el artículo indefinido toman como los adjetivos con el artículo defini-do las terminaciones -en. (**R 41**)
Excepcion:
En el plural genitivo final al **-er**, por ejemplo:
Die Fotos schön**er** Frauen. Las fotografias de hermosas mujeres.

V Declinación de adjetivos sin artículo

E Die Männer lieben schön**e** Frauen. Los hombres aman a las hermosas mujeres.
   Regla: Los adjetivos sin artículo se declinan como los adjetivos con el artículo indefinido.
   Excepciones: dativo (m, n) schön**em**, genitivo (f) schön**er**.

Los adverbios

E Carmen es elegante. Puede vestirse elegante-mente.
   Carmen ist **elegant**. Sie kann sich **elegant** an-ziehen.
R **En alemán, la mayoría de los adjetivos se pueden usar como adverbio.**

V Comparación del adverbio

E rápidamente más rápidamente lo más rápidamente

schnell	schnell**er**	**am** schnell**sten**
lejos	más lejos	lo más lejos
weit	weiter	**am** weit**esten**

R El superlativo del adverbio se forma al agre-
   gar el sufijo **-sten** o **-esten** y al anteponer el
   particula **am**.

Saludo y despedida

Lugar: un hotel de Madrid.
una alemana A , un español E

E Hola, ¿qué tal? Hallo, wie geht es (h'alo
   vii guéét és)?
A Muy bien, gracias. Danke, gut (dan-ke guut).
E Me llamo Gallo. Ich heiße Hahn (ij h'ai-se
   h'aan). ¿Cómo se llama? Wie heißen Sie (vii
   hai-sen sii)?
A Me llamo Gallina. Ich heiße Henne (ij hai-se
   h'é-ne).
E *De dónde* es usted? *Woher* sind Sie (vo-h'èèr
   sind sii)?
A Soy de Berlín. Ich bin aus Berlin (ij bin aus
   bèrliin).
   Lo siento, tengo que partir ahora. Es tut mir
   leid, ich muss jetzt gehen (és tuut miir laid
   ich mus llétst gué-hen).
E Hasta la vista, Señora Gallina. Buen regreso a
   Berlín. Auf Wiedersehen, Frau Henne. Gute
   Rückkehr nach Berlin (auf viider-sèen frau
   h'é-né guute rückkéér naj bèrliin).

30

La avería / Die Panne

Lugar: Berlin
un turista T, una señora S, empleado E,
mecánico M

T Disculpe señora, ¿dónde está el taller más cercano? Entschuldigung, meine Dame, wo be-
findet sich die **nächste** Werkstatt (ent-<u>shul</u>-
digung maine daame voo be-<u>fin</u>-det sij dii
n<u>è</u>k-ste v<u>èrk</u>shtat)?

S *(riendo / lachend)* Justo detrás de usted. Genau
hinter Ihnen (gué-<u>nau</u> h' in-tèr <u>ii</u>- nen).

E Hola, ¿qué hay? Hallo, was gibt es (<u>h'alo</u>
vaas guibt és)?

T Qué rabia, mi coche tiene una avería. Wie
ärgerlich, mein Auto hat **eine** Panne (vii
èrguerlij main autoo h'at <u>ai</u>-né <u>pa</u>-né). ¿Puede
echarle un vistazo? Können Sie einen Blick
darauf werfen (<u>koe</u>nen si <u>ai</u>nen blik da<u>rauf</u>
v<u>èr</u>fen)? Se ha parado y ya no arranca. Es hat
angehalten und springt nicht mehr an (és h'at
<u>an</u>-guéh'alten und shpringt nijt méér an).

E ¿Dónde se ha parado? Wo hat es angehalten
(voo h'at és <u>an</u>-guéh'alten)?

T Justo delante del taller. Genau vor **der**
Werkstatt (gué-<u>nau</u> foor dèèr v<u>èrk</u>-shtat).

E Bien hecho, un buen coche. Gut gemacht, ein
gutes Auto (guut gue<u>majt</u> ain <u>guu</u>-tes <u>au</u>-too).
La llave del coche por favor. Bitte den
Autoschlüssel (<u>bi</u>-te déén <u>au</u>-too-shly-sel).
Mientras mi mecánico controla el coche,
usted puede beber un café. Während mein
Mechaniker das Auto kontrolliert, können Sie
einen Kaffee trinken (v<u>èè</u>-rend main

31

mé-ja-nikèr daas au-too kontro-liirt koe-nen sii ai-nen ka-féé trinken).

El mecánico regresa después de 3 minutos.
Der Mechaniker kommt nach 3 Minuten zurück.

T Por qué el coche no arranca? Warum springt das Auto nicht an (va-rum shpringt daas au-too nicht an)?

M Adivinar! Raten Sie! (raa-ten sii).

T ¿El contacto no funciona? Funktioniert die Zündung nicht (funktsio-niirt dii tsyndung nijt)?

M No. Nein (nain)

T ¿La batería está vacía? Ist die Batterie leer (ist dii bate-rii lèèr)?

M No, pero el depósito de gasolina está vacío. Nein, aber der Benzintank ist leer (nain aa-bèr dèèr bén-tsiin-tank ist lèèr).

P9: **nächste** ¿grado de comparación? **R9**: C4
P10: **eine** Panne ¿qué género, caso? **R10**: C2
P11: **der** ¿qué género, caso? **R11**: C2
P12: **gutes** Auto ¿regla? **R12**: C4

V Palabras contrarias

ancho / estrecho **breit / schmal**, fuera / dentro **draußen / drinnen**, primer(o) / último **erster / letzter**, libre / ocupado **frei / besetzt**, pronto / tarde **früh / spät**, duro / mullido **hart / weich,** claro / oscuro **hell / dunkel**, caliente / frío **heiß / kalt**, aquí / allá **hier / dort**, alto / bajo **hoch / niedrig**, fácil / difícil **leicht / schwierig**, ligero / pesado **leicht / schwer**, largo / corto **lang / kurz**, a la izquierda / a la derecha **links / rechts**, ruidoso / silencioso **laut / leise**, después de / antes de **nach / vor**, cercano / lejos **nah / fern**, arriba / abajo **oben / unten**, abierto / cerrado **offen / geschlossen**, correcto / falso **richtig / falsch**, rápido / lento **schnell / langsam**, bello / feo **schön / hässlich**, negro / blanco **schwarz / weiß**, fuerte / débil **stark / schwach**, dulce / acido **süß / sauer**, seco / mojado **trocken / nass**, sobre / debajo de **über / unter**, mucho / poco **viel / wenig**, lleno / vacío **voll / leer**, adelante / atrás **vorwärts / rückwärts,** antes / después / **vorher / nachher**.

V Amigos equivocados

famoso / berühmt	**famos** / estupendo
firma / Unterschrift f	**Firma f** / empresa
gimnasio / Turnhalle f	**Gymnasium n** / instituto de educación secundaria
ignorar / nicht kennen	**ignorieren** / no hacer caso de
investir / auszeichnen	**investieren** / invertir
carta / Brief m	**Karte f** / tarjeta

Por favor aprender las palabras con subrayado en el vocabulario de <u>entender</u> a <u>haber</u>.

Quinto día

Verbos regulares

R El infinitivo de los verbos regulares y irregulares tiene la terminación **-en** o **-n**, por ejemplo: lern**en** / aprender, wander**n** / peregrinar.
Si se le saca la terminación del infinitivo queda el lexema del verbo: **lern** en > **lern**(en) > **lern-, wander**n > **wander** (n) > **wander**.

R Se forma el presente como sigue:
lexema + **terminaciones del presente**.

R1 El lexema de un verbo regular se queda el mismo por todos los sujetos y todos los tiempos.

Conjugación del verbo

aprender / lern**en** aprendo / ich lerne

Sujeto	lexema	terminación
yo / ich (ij)	lern	**-e**
tú / du (duu)	…..	**-st**
él / er (èèr)	…..	**-t**
ella / sie (sii)	…..	**-t**
eso/esa (neutro) (éés)…..		**-t**
nosotros wir (viir)	…..	**….**
vosotros / ihr (iir)	…..	**….**
ellos / sie (sii)	…..	**….**

Completa la conjugación de acuerdo con las reglas R 1 > R 2 > R3

R2 El infinitivo y la primera y tercera persona del plural del presente indicativo son **iquales**.

R3 La tercera persona del sg y la seconda persona del pl son **iquales**.

V Hay verbos que agregan una 'e' después del lexema para falicitar la pronunciación, por ejemplo:

respirar / atmen: du atm-st > atm-**e**-st
trabajar / arbeiten: er arbeit-t > arbeit-**e**-t
bañarse / baden: ihr bad-t > bad-**e**-t

El pretérito

R 1. pers. sg presente + **t** > 1. pers. sg pretérito
Ich lern - e + **t** > ich lern - **t** - e

Conjugación del pretérito

E Estaba aprendiendo español en Madrid.
Carmen aprendió alemán en Múnich.
Ich **lernte** Spanisch in Madrid.
Carmen **lernte** Deutsch in München.

R1 La primera y tercera persona sg del pretérito indicativo son **iquales**.
Siempre que la primera y la tercera persona sg del pretérito indicativo son iquales en un verbo regular o irregular, se aplica la siguiente regla:

R2 La primera y la tercera persona pl del pretérito indicativo también son iquales.

R3 La conjugación del pretérito indicativo se forma de la siguiente manera:
1. persona del pretérito indicativo sin sujeto, por ejemplo 'lernte' (se queda el mismo por todos los sujetos)
+ *terminaciones: -st > -en > -t (ee > e)*

35

E   ich **lernte** / aprendía

ich,er,sie,es	**lernte**
du	**lernte** - *st*
wir, sie	**lernte** - *en* > **lernt***en*
ihr	**lernte** - *t*

Para falicitar la pronunciación: insertar una **e** antes de la terminación, por ejemplo:

abrir / öffn-en

ich / er / sie / es öffn - te > öffn-**e**-te

Los verbos irregulares

Definición: Los verbos irregulares son aquellos en los que, en el pretérito, la vocal del lexema cambia.

R1 El infinitivo y la primera y tercera persona del plural al presente indicativo son **iquales**. (Excepción: sein / sind / sind)

Verbos con cambio de la vocal

R2 El verbo cambia la vocal del lexema en la segunda y tercera persona singular:

a > **ä**, e > **i** o **ie**, o > **ö**

Tabla 5: Conjugación: verbos con cambio de la vocal (presente)

fahren / ir *geben* / dar *lesen* / leer *stoßen* / empujar

a > **ä**	e > **i**	e > **ie**	o > **ö**
ich fahre	ich gebe	ich lese	ich stoße
du f...hrst	du g...bst	du l...st	du st...ßt
er f...hrt	er g...bt	er l...st	er st...ßt
wir ...	wir	wir	wir ....
ihr fahrt	ihr gebt	ihr lest	ihr stoßt
sie ...	sie	sie	sie ....

Completa la conjugación de acuerdo con las reglas R2 > R1

El pretérito de los verbos irregulares

E En Madrid le di a Carmen un brazalete. Ella
   me dio un beso.
   In Madrid **gab** ich Carmen ein Armband. Sie
   gab mir einen Kuss.
R La primera y tercera persona sg del pretérito
   indicativo son **iquales**.
   (ver verbos irregulares C10, página 89-95)

Tabla 6: Conjugación del pretérito

ich gab / daba, ich ging / iba, ich riet / aconsejaba
ich fuhr / conducía

ich,er,sie,es	**gab**	**ging**	**riet**	**fuhr**
du	**gab**-*st*	**ging**-*st*	**riet**- ...	**fuhr**- ...
wir, sie	**gab**- ...	**ging**- ...	**riet**- ...	**fuhr**- ...
ihr	**gab**- ...	**ging**-*t*	**riet**-*et*	**fuhr** -*t*

**Completa las conjuaciones con las terminaci-
ones -*st* -*en* -*t***

Verbos auxiliares (haben, sein, werden)

Coniugación

haben (tener) sein (ser) werden (hacerse)

presente	ich	habe	bin	werde
Gegenwart	du	hast	bist	wirst
	er/sie/es	hat	ist	wird
	wir	haben	**sind**	werden
	ihr	habt	seid	werdet
	sie	haben	**sind**	werden

E   Fui feliz en Madrid por el beso. Carmen esta-
    ba feliz por el regalo.
    Ich **war** in Madrid glücklich wegen des Kus-
    ses. Carmen **war** glücklich wegen des Ge-
    schenkes.
R   La primera y tercera persona sg del pretérito
    indicativo son **iquales**.

Tabla 7: Conjugación del pretérito

ich war / era ich hatte / tenía ich wurde / me
hacía

ich,er,sie,es **war**	**hatte**	**wurde**
du	**war** -*st*	**hatte**-*st*	**wurde**-*st*
wir, sie	**war**-*en*	**hatt(e)** -*en*	**wurd(e)** -*en*
ihr	**war** -*t*	**hatte** -*t*	**wurde** -*t*

Verbos modales

Mögen / querer (deseo), **dürfen** / poder hacer
(permiso), **können** / poder (posibilidad, capaci-
dad), **wollen** / querer (deseo, intención), **müssen**
/ tener que (necesidad), **sollen** / deber (prescrip-
ción, consejo).
Regla mnemotécnica:
Espero que podamos hacer lo que podemos y lo
que queremos y que nos gusta lo que somos for-
zados a hacer o lo que debemos hacer.
Ich hoffe, dass wir das tun **dürfen**, was wir tun
können und was wir tun **wollen** und dass wir
mögen, was wir tun **müssen** oder was wir tun
sollen. (**R15**)

E Quiero hacer un viaje a Madrid. Ich **will** eine Reise nach Madrid **machen**.

R En la proposición principal, los verbos modales tienen un segundo verbo en **el infinitivo**, que ocupa la **última posición**.

E Carmen dice que quiere viajar a Múnich. Carmen sagt, dass sie nach München **reisen will.**

R En la oración subordinada, **el verbo modal** conjugado se coloca **después del infinitivo**.

R Verbos modales pueden aparecer sin un segúndo verbo, si el contexto está claro.

E Tengo que ir a casa. Ich muss nach Hause.

Tabla 8: <u>Conjugación de verbos modales (presente indicativo)</u>

dürfen, können, mögen, müssen sollen

ich,er,sie,es	darf	kann	mag	muss	soll
du	darf**st**	kann**st**	mag**st**	muss**t**	soll**st**
wir / sie	....	....	....	....	.....
ihr	dürf**t**	könn**t**	mög**t**	müss**t**	soll**t**

Completa la conjugación según la siguiente regla R1:

R1 El infinitivo y *la primera y tercera persona* del pl en el presente indicativo son *iquales*.

<u>Verbos auxiliares y verbos modales</u>

R Los verbos auxiliares *(sein, haben, werden)* y los verbos modales tienen sus propias formas del condicional.

39

La formación del condicional

verbo	pretérito	+ diéresis > condicional
können	konnte	ich könnte / podría
dürfen	durfte	ich dürfte
mögen	mochte	ich möchte
müssen	musste	ich müsste
haben	*hatte*	*ich hätte*
werden	*wurde*	*ich würde*

Excepciones:

sein	*war*	*ich wäre*
sollen	sollte	ich sollte
wollen	wollte	ich wollte

Conjugación del condicional

R La conjugación se forma de la manera siguiente:

1. persona sg del condicional sin sujeto + *terminaciones -st -en -t (ee > e).* **(R23)**

Tabla 9: Conjugación del condicional

ich,er,sie,es	**möchte**	**könnte**	**würde**
du	**möchte**-*st*	**könnte**-*st*	**würde**-*st*
wir,sie	**möcht(e)**-*en*	**könnt(e)**-*en*	**würd(e)**-*en*
ihr	**möchte**-*t*	**könnte**-*t*	**würde** –*t*

El condicional se usa para expresar:

un consejo que usa el verbo modal 'sollen':

E Carmen, deberías comprar un nuevo vestido para el viaje.
Carmen, du **solltest** ein neues Kleid für die Reise kaufen.

un deseo:

E Me gustaría comprar el vestido en París.
Ich **würde** das Kleid gern in Paris kaufen

un pedido cortés (R39)

E   Podrías comprar el vestido en Berlin?
Könntest du das Kleid in Berlin kaufen?

Condicional con infinitivo

R Los verbos regulares e irregolares forman el
condicional de la siguiente manera:
Condicional del verbo 'werden' +
infinitivo al final de la frase.

E Si tuviera mucho tiempo, aprendería muchos
idiomas / escribiría muchos cursos de idio-
mas.
Wenn ich viel Zeit hätte, **würde** ich viele
Sprachen *lernen* (verbo regular) / viele
Sprachkurse *schreiben* (verbo irregular).

V Condicional sin infinitivo

Conjugación de verbos regulares

R En los verbos regulares, la forma del condicional es igual a la forma del indicativo préterito.

E Si tuviéramos mucho dinero, viajaríamos por
todo el mundo.
Wenn wir viel Geld hätten, reist**en** wir durch
die ganze Welt.

41

reisen (viajar) : condicional y pretérito indicativo:
ich reiste, du reistest, er reiste, wir reisten, ihr reistet, sie reisten.

V Condicional de verbos irregulares

R La conjugación se forma de la manera siguiente:
1. persona del indicativo préterito sin sujeto (ver verbos irregulares, **C10**, páginas 89-95)
+ las terminaciones del indicativo pretérito de los verbos regulares (ver arriba).

E En esta gira mundial, escribiríamos muchas postales.
Auf dieser Weltreise schrieben wir viele Postkarten.
schreiben (escribir):
1. persona del indicativo pretérito: schrieb
Condicional:
ich schriebe, du schriebest, er schriebe, wir schrieben, ihr schriebet, sie schrieben.

R Los verbos con las vocales a,o,u en el pretérito indicativo: uno agrega la **diéresis**.
E Queríamos volar sobre muchos continentes. Wir flögen über viele Kontinente. Queríamos cruzar muchos mares. Wir führen durch viele Meere. Queríamos hablar con la gente de muchas naciones. Wir sprächen mit den Menschen vieler Nationen.

Primer encuentro / Erste Begegnung

Las Palmas de Gran Canaria.
Delante de un hotel. Vor einem Hotel. Al lado de la entrada dos maletas. Neben dem Eingang zwei Koffer.

una turista S, un turista D

D ¿*Le* gusta aquí? Gefällt es *Ihnen* hier (gé-<u>fèlt</u> és <u>ii</u>-nen h'iir)?

S Sí, me gusta mucho. Ja, es gefällt mir sehr (llaa és gé-<u>fèlt</u> miir sèèr).

D ¿De dónde es y dónde vive? Woher sind Sie und wo wohnen Sie (vo-<u>h'èèr</u> sind sii und voo <u>voo</u>nen sii)?

S Soy de España e vivo en Madrid. Ich bin aus Spanien und wohne in Madrid (ij bin aus <u>shpa</u>-nien und <u>voo</u>ne in madrid).

D Que sorpresa, yo tambien. Welche Überraschung, ich auch (<u>vél</u>-je yber-<u>ra</u>-shung ij auj). ¿A qué se dedica? Was machen Sie beruflich (vaas <u>ma</u>-jen sii bé-<u>ruuf</u>-lij)?

S Sigo estudiando. Ich studiere noch (ij shtu<u>dii</u>-re <u>noj</u>).

D Yo también. Ich auch (ij auch). Me llamo Diego. Ich heisse Diego (ij h'aise diéégo) y usted ¿cómo se llama? Und wie heissen Sie (und vii <u>h'ai</u>sen sii)?

S Soy Sara. Ich bin Sara (ij bin saara). Encantada. Sehr erfreut (sèèr èr-<u>froit</u>).

D ¿*Ha encontrado* un buen hotel? *Haben Sie* ein gutes Hotel *gefunden* (<u>h'aa</u>-ben sii ain <u>guu</u>-tes h'o-<u>tèl</u> gué<u>fun</u>-den)?

S Sí, aquél es mi hotel. Ja, dieses Hotel (llaa

43

diis-es h'o<u>tèl</u>).

D Estoy también en aquel hotel. Ich bin auch in diesem Hotel (ij bin auj in <u>die</u>-sem h'o-<u>tèl</u>). ¿Está *aquí* con la familia? Sind Sie mit der Familie *hier* (sind sii mit dèèr fa-<u>mii</u>-lié hiir)?

S No, estoy sola. Nein, ich bin allein (nain ij bin a<u>lain</u>)

D Yo también. Ich auch (ij auch). *He llegado* hoy. *Ich bin* heute *angekommen* (ij bin <u>hoite</u> <u>an</u>-gué-ko-men). ¿Cuándo ha llegado. Wann sind Sie angekommen (van sind sii <u>an</u>-gué-komen)?

S Hace una semana. Vor **einer Woche** (foor <u>ai-</u> ner <u>vo</u>je).

D ¿Hasta cuándo se queda? Wie lange bleiben Sie (vii <u>lan</u>-gue <u>blai</u>-ben sii)?

S Estoy saliendo. Ich reise gerade ab (ij raise guérade ab). Allí están mis maletas. Dort sind meine Koffer (dort sind <u>mai</u>-ne <u>ko</u>-fèr). Estoy esperando al taxista para *ir* al aeropuerto. Ich warte auf **den** Taxichauffeur, um zum Flughafen zu *fahren* (ij <u>vaar</u>-te auf déén <u>taxi</u>-shofoeoer um tsum <u>fluugh</u>'aa-fen tsu <u>faa</u>-ren).

D ¡Que pena¡ Wie schade! (vii <u>shaa</u>de). ¿Nos podemos encontrar en Madrid? **Können** wir uns in Madrid treffen (<u>koe</u>-nen viir uns in madrid <u>trè</u>fen)? *Le* gustaría ir al cine? Würde es *Ihnen* gefallen, **ins** Kino zu gehen (vyrde és iinen gué<u>fa</u>len ins <u>ki</u>-no tsu <u>gué</u>hen)?

S *No* me interesa el cine. Das Kino interessiert mich *nicht* (daas kino intèresiirt mij nijt).

D Le apatece ir a una discoteca? Haben Sie Lust, in eine Diskothek zu gehen (h'aaben sii

44

lust in aine disko<u>téék</u> tsu <u>gué</u>hen)?

S No. Nein.

D ¿Qué hace en *su* tiempo libre? Womit beschäftigen Sie sich in *Ihrer* Freizeit (vo-<u>mit</u> bé-<u>shèf</u>-tiguen sii sij in <u>ii</u>-rèr <u>frai</u>-tsait)?

S Me encanta la musica. Mir gefällt die Musik (miir gué<u>fèlt</u> dii mu<u>sik</u>).

D ¿Qué tipo de música prefiere? Welche Art von Musik bevorzugen Sie (<u>vel</u>je art fon mu<u>sik</u> be<u>fort</u>suuguen sii)?

S Tengo afición por la ópera. Ich habe eine Vorliebe für die Oper (ij <u>h'aa</u>be <u>ai</u>ne <u>foor</u>liibe fyyr dii <u>oo</u>per).

D Yo también. Ich auch (ij auj). ¿Tiene tiempo el seis septiembre? Haben Sie **am 6. September** Zeit (<u>h'aa</u>-ben sii am <u>sék</u>-sten sép-<u>tém</u>-ber tsait)?

S Un momento, por favor. Einen Moment, bitte (<u>ai</u>-nen mo-<u>ment</u> <u>bi</u>-te). Tengo que echar una mirada a mi *agenda*. Ich muss einen Blick in meinen *Kalender* werfen (ij mus <u>ai</u>nen blik in <u>mai</u>nen ka<u>len</u>der <u>ver</u>fen). Sí, la tarde está libre. Ja, der Abend ist frei (dèèr aabend ist frai).

D *toma su móvil y marca un número de teléfono / nimmt sein Handy und wählt eine Telefonnummer*: ¿Diga? ¿Hallo? ¿Qué ponen en la ópera *el seis septiembre*? Was wird *am sechsten September* in der Oper gespielt (vaas vird am <u>sék</u>-sten sép-<u>tém</u>-ber in dèèr <u>oo</u>-pèr gué<u>shpiilt</u>? Oh, un estreno. Oh, eine Premiere (oo <u>ai</u>-ne proemi-<u>èè</u>-re). ¿Quién es el protagonista? Wer spielt die Hauptrolle (vèèr shpiilt dii <u>h'aupt</u>-role)? Oh, Plácido Domingo. Quisiera reservar dos butacas. Ich möchte zwei Parkettplätze reservieren (ij <u>moech</u>-te tsvai parket-plètse résèrviiren).

S Qué ponen? Was wird gespielt (vaas vird
guéshpiilt)?

D 'Otello' de Verdi. 'Otello' von Verdi.

P13: **einer** Woche ¿género y caso? **R13**: C2
P14: **den** Taxifahrer ¿caso? **R14**: C2
P15: **können** ¿regla mnemotécnica verbos
modales? **R15**: C5 **P16**: **ins** ¿qué contrac-
cción? **R16**: C2 **P17**: **am** ¿qué contracción?
R17: C2

V **P18**: **am 6. September** ¿regla? **R18**: C2

V Verbos idénticos en *español* y en **alemán**

auto	**das Auto** (au-too)
bar	**die** Bar (baar)
vocal	**der** Vokal
beige	beige (béésh)
bikini	**der** Bikini (bi-kii-nii)
motel	**das** Motel (mo-tèl)
foto	**das** Foto (fo-too)
radio	**das** Radio (raa-dioo)
taxi	**das** Taxi (ta-ksi)
tenis	**das** Tennis (té-nis)
túnel	**der** Tunnel (tu-nel)

**Per favor aprender las palabras en el vocabu-
lario de habitación a llegar.**

Sexto día

Das Perfekt / el perfecto

El perfecto se forma con el verbo auxiliar (**haben** / tener o **sein** / ser) del presente indicativo y el **participio pretérito** (siempre **inmutable**).

Verbos regulares

E   Carmen me ha dado un beso.
    Carmen hat mich **ge**küss**t**.
R   El participio pretérito se forma normalmente
    como sigue:
    ge- + lexema + **-t**
    besar / küssen: **ge** - küss **-t**
    Excepción: Los verbos con la terminación
    -ieren no agregan el prefijo **-ge** e son
    siempre regolares:
    telefon*ieren* > hat telefoniert.
F   Para falicitar la pronunciación tiene que
    introducir **e** después del lexema:
    hablar / reden > hat ge-red - t > ge- red **-e**- t.

Verbos irregulares

**El perfecto de los verbos irregolares: ver
verbos irregolares C 10, páginas 89-95**
E   He dado un regalo a Carmen.
    Ich habe Carmen ein Geschenk **ge**geb**en**.
R   El participio pretérito se forma con frecuencia
    como sigue:
    ge- + lexema + **-en**
    dar / geben: **ge**- geb **-en**

47

Perfecto con el auxiliar **sein**

E Carmen se ha despertado la mañana. Am Morgen **ist** Carmen auf**ge**wacht. (1) Luego ha ido al baño. Danach **ist** sie in das Bad **ge**gangen. (2)

R **Usamos el auxiliar 'sein' con verbos intran-sitivos que indican un cambio de estado (1) y con verbos intransitivos de movimiento desde y hacia el lugar (2). (R 41)**

R Usamos el auxiliar **sein** con los verbos:
sein / ser, **bleiben** quedarse, **begegnen** / en-contrar, **geschehen** / suceder, **passieren** / re-calar, **werden** / hacerse

E Regla mnemotécnica:
Siempre he estado enamorado de Carmen y me he mantenido fiel a ella. Aunque he con-ocido a mujeres atractivas en mis viajes, na-da ha sucedido o recalado.
Ich bin immer in Carmen verliebt **gewesen** und ich bin ihr treu **geblieben**. Auch wenn mir auf meinen Reisen attraktive Frauen **begegnet** sind, ist nichts **geschehen** oder **passiert**.

Perfecto con el auxiliar **haben**

E He abierto la puerta del baño. Ich **habe** die Tür des Bads **geöffnet**. (1) Carmen ha hecho sus labios frente al espejo y ella era muy buena en eso. Carmen **hat sich** vor dem Spiegel die Lippen **geschminkt** (2) und das **hat sie** sehr gut **gekonnt** (3).

R **El auxiliar 'haben' se usa con todos los verbos que tengan un complemento en**

48

acusativo (1)**, con verbos reflexivos** (2) **y con todos los verbos modales** (3). (**R 27**)

Los verbos con prefijo

Estos verbos están compuestos por un prefijo y un verbo básico (auf - wachen / despertarse).

Un verbo compuesto es separable si el prefijo lleva el acento tónico (<u>auf</u> - wachen) (**R 26**) y non separable si el acento tónico no cae en el prefijo, sino sobre el lexema (*be*<u>rach</u>ten / mirar, sich *ver*<u>lie</u>ben / innamorarsi).

<u>Verbos compuestos separables</u>

E Por la noche Carmen ha dicho / am Abend hat Carmen gesagt:

'Me acuesto. Ich lege mich <u>hin</u>.' (1) Luego ha adormecido inmediatamente. Danach schlief sie sofort <u>ein</u>. (2) Se ha despertado por la mañana. Am Morgen ist sie <u>aufge</u>wacht. (3)

R **En el presente** (1) **y en el pretérito** (2) **el prefijo separable (<u>hin</u>, <u>ein</u>) se separa del verbo y va a la última posición de la frase.**

En los verbos separables, ya sean regulares o irregulares, **el prefijo 'ge-' está entre el prefijo del verbo y el lexema del verbo.**(3)

<u>Verbos compuestos non separables</u>

E He mirado a Carmen y pensado Ich habe Carmen *be*<u>rach</u>tet (1) und gedacht:

'Me enamoré de esta mujer en nuestra primera cita. In diese Frau *ver*<u>lieb</u>te (2) ich mich im Moment unseres ersten Treffens. Cada día me enamoro más. Jeden Tag *ver*<u>liebe</u> (3) ich mich mehr.'

R El participio pretérito no tiene un 'ge-'. (1)
El prefijo no se separa del verbo básico en
el pretérito (2) y en el presente (3).

Sólo hay ocho prefijos no separables:
be-, emp-, ent-, er-, ge-, miss-, ver-, zer-.

Regla mnemotécnica:

Cada vez que tocamos, siento un gran sentimien-
to de gratitud por el hecho de que nuestra rela-
ción se desarrolló tan bien y ha tenido tanto éxito
que no tengo que preocuparme de que falle en
aldún momento. Y cada vez que me despido de
un viaje de negocios desde Carmen, tengo que
experimentar cómo la separación desgarra mi
corazón.
Jedes Mal, wenn wir uns *be*rühren *emp*finde ich
eine große Dankbarkeit, dass unsere Beziehung
sich so gut *ent*wickelt hat und so gut *ge*lungen ist
und ich daher nicht fürchten muss, sie könnte
noch irgendwann *miss*lingen. Und jedes Mal,
wenn ich mich vor einer Geschäftsreise von
Carmen *ver*abschiede, muss ich *er*fahren, wie mir
die Trennung das Herz *zer*reisst.

V El pasivo

R El pasivo se forma con el verbo auxiliar conjugado '**werden**' y el *participio pretérito* del
verbo al final de la frase. El operador se
puede expressar con 'von + dativo'.
E La maleta está hecha por mí.
Der Koffer **wird** von mir *gepackt*.

50

V Der Imperativ / el imperativo

El imperativo se forma con la ayuda de la conjugación del verbo, por ejemplo:
fahren / conducir

conjugación	imperativo
du fährst > (du) fähr(st)	> fahr! (1)
wir fahren	fahren wir!
ihr fahrt > (ihr) fahrt	> fahrt!
Sie fahren	fahren Sie!

R(1) Los verbos que han una modificación a > ä y o > ö en la segunda y tercera persona sg pierden esa modificación en el imperativo.

Los verbos que han una modificación e > i o ie conservan esa modificación en el imperativo:

dar / geben: du gibst > gib!
leer / lesen: du liest > lies!

Se puede usar el *infinitivo* como imperativo:
Die Tür *schließen.* Cerrar la puerta.

Verbos compuestos separables

E partir / **los**fahren: Fahren Sie **los**!

R **El prefijo** separable va a la **ultima posición de la frase**.

El imperativo negativo

E No conduzcas demasiado rápido. Fahr **nicht** (1) zu schnell.

No conduzca demasiado rápido. Fahren Sie **nicht** (2) zu schnell.

R **nicht** está detrás del verbo (1) o del pronombre (2).

V Das Gerund / el gerundio

E Aquí están Stella y Karl bailando juntos. Hier
   sind Stella und Karl, gemeinsam tanzen**d**.
R El gerundio se forma de la siguiente manera:
   el infinitivo + **d**: bailar / tanzen + **d** > tanzen**d**
   La declinación: > declinación del adjetivo
   (tabla 3 y 4).

El infinitivo con / sin 'zu'

El infinitivo está precedido principalmente por
preposiciónes, por ejemplo:
um … **zu** (para), **ohne** … **zu** (sin), **statt** … **zu**
(en lugar de).

Regla mnemotécnica:

E Recuerdo los ejemplos para deducir las reglas
   gramaticales de estos ejemplos sin forzar mi
   memoria en lugar de conservar en la memoria
   las reglas gramaticales aguzando la memoria.
   Ich merke mir die Beispiele, **um** aus diesen
   Beispielen die Grammatikregeln ab**zu**leiten
   (1), **ohne** das Gedächtnis an**zu**strengen (1)
   statt die Grammatikregeln **zu** merken und
   dabei mein Gedächtnis anzustrengen.
   (1) En el caso de verbos con prefijos acentua-
   dos 'zu' se inserta entre el prefijo y el lexema
   del verbo.

El infinitivo sin 'zu' es después de:
verbos modales (**R 21**) los verbos de movimiento, verbos sensoriales (ver, oír) y algunos otros
verbos, por ejemplo: aprender / lernen.

<u>Regla mnemotécnica</u>:

E Carmen aprende a tocar el piano. Todos los días la veo y escucho tocar el piano. Carmen **lernt** Klavier **spielen**. Jeden Tag **sehe** und **höre** ich sie **spielen**.

La posición del verbo

Karl K, Stella S

K ¿Cuándo vienes? *Wann* **kommst** du? (1)

S Vengo pasado mañana. Ich **komme** übermorgen. (2)

R Después de un *pronombre de interrogación* (1) (R 22) y en las proposiciones principales (2) (R 20) el verbo siempre ocupa **el segundo lugar**.

K ¿Ya ha comprado el billete de avión? **Hast** *du* das Flugticket schon gekauft? (3)

R En la pregunta simple (sin pronombre interrogativo) el verbo conjugado debe ser colocado **al principio de la proposición** (3) seguido por el *sujeto*. (**R 19**)

K Llama por teléfono pasada mañana conmigo. **Telefonier** übermorgen mit mir.(4)

R En la proposición imperativa, el verbo está en la **primera posición**. (4)

K Espero que tenga un buen vuelo. Ich hoffe, *dass* du einen guten Flug **hast**. (5)

R En las oraciones subordinadas, el verbo está en la **posición final**. (5) Las oraciones subordinadas comienzan con una *conjunción*, por ejemplo: que / *dass*, porque / *weil*, aunque *obwohl*, si / *ob*.

V Expresiones importantes

¿hay / **gibt es** (guibt és) grandes almacenes muy cerca / **ein Kaufhaus ganz in der Nähe** (ain kauf-haus gants in dèèr nèè-'é), un aparcamiento / **einen Parkplatz** (<u>ai</u>-nen <u>park</u>-plats), alquien qué / **jemand der** (ll<u>éé</u>-mand dèèr), una visita guiada / **eine Führung** (<u>ai</u>-ne <u>fyy</u>-rung), un descuento para ... / **einen Preisnachlass für** (<u>ai</u>-nen <u>prais</u>-nachlas fyyr), un enlace / **einen Anschluss nach** (<u>ai</u>-nen <u>an</u>-shlus naaj), un albergue juvenil / **eine Jugendherberge** (<u>ai</u>-ne ll<u>uu</u>-guendh'éérbèrgué)?

hay / **es gibt** (és guibt) un error en la cuenta / **einen Fehler in der Rechnung** (<u>ai</u>-nen f<u>èè</u>-ler in dèèr r<u>èj</u>-nung).

¿quién / **wer** (vèèr) / es el guía turístico / **ist der Reiseführer / die Reiseführerin** (<u>rai</u>-sefyyrèr/in)?

Otras expressiones importantes:
¿**qué** / **cómo** C 7 página 59 ¿**puedo** / ¿**se puede** C 7 p. 63 ¿**dónde** / ¿**dónde está** C 8 p. 66 ¿**cuál es** C 8 p. 71 ¿**cuándo** C8 p.75 **quiero** C9 p.78 ¿**tengo** / ¿**tiene que** /¿**me puede** C10 p.88

Verbos irregulares

infinitivo	3.pers. sg	1./3. pers. pretérito	auxiliar + participio
gehen / ir	geht	ging	ist gegangen
kommen / venir	kommt	kam	ist gekommen
können / poder	kann	konnte	hat gekonnt
müssen / deber	muss	musste	hat gemusst
wollen / querer	will	wollte	hat gewollt
wissen / saper	weiß	wusste	hat gewusst

El traje de novia / Das Hochzeitskleid

Una tienda de ropa en Madrid.
Sara S, vendedora V

V ¿*Le* puedo ayudar? **Kann** ich *Ihnen* helfen
 (kan ij ii-nen h'èl-fen)?

S Estoy buscando un traje de novia. **Ich suche**
 ein Hochzeitskleid (ij suuje ain h'ojtsaids-
 klaid).

V ¿Qué talla tiene? Welche Größe haben Sie
 (vél-che groeoe-se h'aaben sii)?

S Tengo la talla cuarenta. Ich habe die Größe
 vierzig (ij h'aabe dii groeoese fiirtsig).

V ¿Puede descrivir el traje de novia que desea?
 Können Sie das Kleid *beschreiben*, welches
 Sie wünschen (koe-nen sii das klaid be-shrai-
 ben vél-ches sii vyn-shen)?

S Deseo un vestido elegante y tradicional. Ich
 Wünsche ein elegantes und traditionelles
 Kleid (ij vvyn-she vain élé-gan-tes und tradi-
 tsio-nèl-es klaid).

V ¿De qué color? Welche Farbe (vél-che) ?

S Blanco. Weiß (vais).

V Este es muy elegante, ¿no? Dieses hier ist sehr
 elegant, nicht wahr (die-ses h'iir ist sèèr élé-
 gant nijt vaar)?

S Es verdad. Das ist wahr (daas ist vaar).
 ¿Puedo probarlo? Kann ich es anprobieren
 (kann ij és an-probiiren)?

V Con mucho gusto. Sehr gern (sèèr guèrn).
 Aquí están los probadores. Hier sind die
 Ankleidekabinen (an-klaide- kabiinen).

S *está de pie delante del espejo y mira feliz su*
 imagen reflejada / steht vor dem Spiegel und

betrachtet glücklich ihr Spiegelbild)
Me queda bien. Es steht mir gut (és shtéét miir guut). Este vestido es un sueño. Dieses Kleid ist ein Traum (dii<u>s</u>es klaid ist ain traum). ¿Cuánto cuesta este sueño? Wie viel **kostet** dieser Traum (vii fiil <u>kos</u>-tet die<u>s</u>er traum)?

V   Son dos mil euros. Zweitausend Euro (<u>tsvai</u>-tau-send <u>oi</u>roo).

S   ¡Qué pena! Wie schade (vii shaade)! No quiero *gastar* más de mil euros. Ich **möchte** nicht mehr als tausend Euro *ausgeben*   (ij moejte nijt méér als tau<u>s</u>end <u>oi</u>ro <u>aus</u>guèèben).

V   Un momento, por favor. Einen Moment, bitte (<u>ai</u>-nen mo<u>ment</u> <u>bi</u>-te). Voy a telefonear con el jefe de sección. **Ich werde** mit dem Abteilungsleiter **telefonieren** (ij vèrde mit déém ab-<u>tai</u>-lungslaiter telefoniiren).

Después de la llamada telefónica. Nach dem Telefongespräch.
Puede comprar el vestido por mil quintentos euros. Sie können das Kleid für 1500 Euro *kaufen* (sii <u>koe</u>-nen daas klaid fyyr <u>ain-tau</u>-sendfynf-h'un-dèrt <u>oi</u>-roo <u>kau</u>- fen).

S   Lo compro. Ich kaufe es (ij <u>kau</u>fe és).

P19: **kann ich** posición del verbo: ¿regla? **R19**: C6 **P20**: **Ich suche** posición del verbo: ¿regla? **R20**: C6 **P21**: **beschreiben** ¿por qué sin 'zu'? **R21**: C6**P22**: **kostet** posición del verbo: ¿regla? **R22**: C6

V   **R23**: **möchte** conjugación del condicional: ¿regla? **R23**: C6 **P24**: **ich werde… telefonieren** ¿regla? **R24**: C 10

Por favor aprender las palabras en el vocabulario de <u>lleno</u> a <u>nuve</u>.

Sétimo día

Pronombres personales

E Carmen es una española. Ama la moda. Carmen ist eine Spanierin. **Sie** liebt die Mode.

R Los pronombres personales reemplazan un sustantivo en la oración evitando la repetición del nombre. El pronombre debe tener el mismo género que el nombre reemplazado.

Tabla 10 A : *Declinación en el acusativo*

E Me informo a mí / ich informiere mich.

	verbo	pron. reflexivo	pron. **acusativo**
ich	informiere	mich	mich
du (duu)	informierst	dich	dich
er (èèr)	informiert	sich	**ihn** iin
sie (sii)	informiert	sich	**sie** sii
es (éés)	informiert	sich	**es** éés
wir (viir)	informieren	uns	uns
ihr (iir)	informiert	euch	euch
sie (sii)	informieren	sich	**sie** sii

Il pronombree **Sie** con mayúscula S es la forma de cortesía para las personas adultas en situaciones formales. 'Sie' puede dirigirse a una o más personas.

E Saludo Usted(es) / ich begrüsse **Sie**.

Declinación en el acusativo: Modificar la declinación del pronombre reflexivo de la siguiente manera: Sustituir 'sich' (sg) por **ihn** (m), **sie** (f), **es** (n) y 'sich' (pl) por **sie**.

Si el verbo reflexivo requiere *un complemento en el acusativo*, el pronombre reflexivo cambia:

mich > **mir** (miir) dich > **dir** (diir).

Tabla 10 B : <u>Declinación en el dativo</u>

E Me lavo las manos. Ich wasche **mir** *die Hände*.

	verbo	pron. reflexivo	**pron. dativo**
ich	wasche	mir	mir
du	wäscht	dir	dir
er	wäscht	sich	**ihm** iim
sie	wäscht	sich	**ihr** iir
es	wäscht	sich	**ihm** iim
wir	waschen	uns	uns
ihr	wascht	euch	euch
sie	waschen	sich	**ihnen** iinen

Ihnen: como 'Sie' una forma de cortesía.
E Escribo a Usted(es) / ich schreibe **Ihnen** (sg y pl).
<u>Declinación en el dativo</u>: Modificar la declinación del pronombre reflexivo de la siguiente manera: Sustituir 'sich' (sg) por **ihm** (m, n), **ihr** (f) y 'sich' (pl) por **ihnen**.

E Carmen da el libro a mí. Carmen gibt **mir** das Buch.
R Si uno de los dos complementos está represen- tado por un pronombre y el otro por un sustan- tivo, el pronombre siempre tiene prioridad.
E Do un libro a Carmen / ich gebe Carmen ein Buch. Se lo do. Ich gebe **es** ihr.
R Se la proposición ha dos pronombres, el pro- nombre en el acusativo tiene preferencia.
(R34)

58

La negación

La negación se forma de la siguiente manera:

1. Con la palabra **nein** (no).

E ¿Habla usted alemán? Sprechen Sie Deutsch?
No. **Nein**.

2. Con el adverbio **nicht** (no). (**R 33**)

E No hablo alemán.
Ich spreche **nicht** Deutsch.

R La negación ,nicht' sigue el verbo conjugado.
No veo nunca a R. Ich sehe R **nie**. No veo ni a R
ni a S. Ich sehe **weder** R **noch** S.
No veo nadie. Ich sehe **niemand.**
No veo nada. Ich sehe **nichts.**
Para la negación ningún / ninguna se usa **kein**
(m, n) **keine** (f) antes del sustantivo:

E Ninguna mujer es más bella que Carmen.
Keine Frau ist schöner als Carmen.

Declinación de kein (m), keine (f), kein (n):
k + declinación de ein (m), eine (f), ein (n)
Ver Tabla 2, C2

V Expresiones importantes

¿qué / was (welche/r/s) ¿qué hay / **was gibt es**,
¿qué es eso / **was ist das**, ¿qué hay de nuevo /
was gibt es Neues. ¿En qué trabaja Ud. / **was
machen Sie beruflich** (vaas majen sii beruuflij)?
¿Qué deporte practicas / **welchen Sport
betreibst du** (véljen sport bétraibst duu)?
¿cómo / wie ¿cómo se va a …/ **wie kommt man
nach** …(vii komt man naaj)? ¿cómo está / **Wie
geht es Ihnen** (vii guéét és iinen) ? ¿A qué
distancia está …/ **wie weit ist es bis** … (vii vait
ist és)? ¿Cuánto tiempo dura … / **wie lange
dauert** … (vii langue dauert)?

La luna de miel / Die Hochzeitsreise

Aeropuerto Madrid-Barajas
Sara S, Diego D, un empleado E

D ¿A qué hora sale el vuelo chárter para París?
Um wie viel Uhr startet der **Charterflug** nach
Paris (um vii fiil uur <u>shtar</u>-tet dèèr <u>tshar</u>-tèr
fluug naaj pa-<u>ris</u>)?

E Tienen aún un poco de tiempo. Sie haben
noch ein wenig Zeit (sii h'<u>aa</u>-ben noj ain <u>véé</u>-
nig tsait). El despegue es a las nueve. Der
Start ist um neun Uhr (dèèr shtart ist um noin
uur).

S ¿A qué hora llega el avión a París? Um wie
viel Uhr **kommt** das Flugzeug in Paris **an**
(um vii fiil uur komt daas <u>fluug</u>-tsoig in pa<u>ris</u>
an)?

E Si el avión sale puntual, la llegada es a las
once. Wenn das Flugzeug pünktlich startet,
ist die Ankunft um 11 Uhr (vén daas <u>fluug</u>-
tsoig <u>pynkt</u>-lij <u>shtar</u>-tet ist dii <u>an</u>-kunft <u>um elf</u>
uur). ¿Ustedes viajan a París por primera
vez? Fahren Sie zum ersten Mal nach Paris
(<u>faa</u>-ren sii tsum <u>éérs</u>-ten maal naaj pa-<u>ris</u>)?

S Sí, es nuestra luna de miel. Ja, das ist unsere
Hochzeitsreise (lla daas ist <u>un</u>-sère h'<u>oj</u>-
tsaitsraise).

E Felicidades. Herzlichen Glückwunsch (h'<u>èrts</u>-
lijen <u>glyk</u>-vunsh). ¿Han encontrado un buen
hotel? **Haben** Sie ein gutes Hotel gefunden
(h'<u>aa</u>-ben sii ain <u>guu</u>-tes h'o-<u>tèl</u> ghé-<u>fun</u>-den)?

D Sí, cerca de la catedral *Notre Dame* en el barrio *Quartier Latin.* Ja, bei der Kathedrale
Notre-Dame im *Quartier latin* (llaa bai dèèr

60

katé-<u>draa</u>-le).

E Viví en aquel barrio de 1988 a 1996. Ich
habe in diesem Viertel von 1988 bis 1996
gelebt (ij <u>h'aa</u>-be in <u>dii</u>-sem <u>fiir</u>-tel fon noin-
zéénh'undertachtundachttsig bis nointséén-
h'undertséksundnointsig gué-<u>lèbt</u>). Cada vez
que *me acuerdo* de París, tengo una gran nos-
talgia de aquella ciudad maravillosa. Jedes
Mal, wenn ich *mich* an Paris *erinnere*, fühle
ich ein großes Heimweh nach dieser wunder-
baren Stadt (ll<u>éé</u>-des maal vén ij mij an pa-<u>ris</u>
er-<u>in</u>ere <u>fyy</u>-le ich ain <u>groo</u>-ses <u>h'aim</u>-véé naj
<u>dii</u>-sèr <u>vun</u>-derbaaren shtat).

S ¿Qué *le* gustó más en París? Was hat *Ihnen* in
Paris **am meisten** gefallen (vaas hat <u>ii</u>-nen in
pa-<u>ris</u> am <u>mai</u>-sten gué-<u>fal</u>-en)?

E Esa es una pregunta difícil. Das ist eine
schwierige Frage (daas ist <u>ai</u>-ne <u>shvii</u>-rigue
<u>fraa</u>-gue). Tal vez las vistas al *Sena* debajo de
los puentes de París o las vistas de mi appar-
tamento al cielo azul sobre los techos de París. Vielleicht der Blick auf die *Seine* unter
den Brücken von Paris oder die Aussicht von
meiner Wohnung auf den **blauen** Himmel
über den Dächern von Paris (fi-<u>laicht</u> dèèr
blik auf dii sèèn <u>un</u>-tèr déén <u>bry</u>-ken fon pa-
<u>ris</u> <u>oo</u>-dèr dii <u>aus</u>-sicht fon <u>mai</u>-nèr <u>voo</u>-nung
auf déén <u>blau</u>-en <u>h'i</u>-mel <u>yy</u>-bèr déén <u>dè</u>-jèrn
fon pa-<u>ris</u>). Quizá aquella tarde en la plaza
Concorde mientras el sol rojo se ponía detrás
de la torre Eiffel. Vielleicht jener Abend auf
dem *Concorde Platz*, als die rote Sonne hinter
dem *Eiffelturm* unterging (fi-<u>laicht</u> ll<u>ee</u>-ner
<u>aa</u>-bend auf déém *Concorde* plats als dii <u>roo</u>-
te <u>so</u>-ne <u>h'in</u>-ter déém <u>ai</u>-felturm <u>un</u>-tèrguing).

Quizá aquella noche cuando miré el océano de luz de la ciudad en el más alto restaurante de la torre Eiffel. Vielleicht jene Nacht, als ich das Lichtermeer der Stadt **vom** höchsten Restaurant des Eiffelturms betrachtet habe (fi-<u>laicht</u> ll<u>ee</u>-ne najt als ij daas <u>lij</u>-tèrméér dèèr shtat fom <u>h'oek</u>-sten rèstoorannt dés <u>ai</u>-felturms bé-<u>trach</u>-tet <u>h'aa</u>-be). Quizá la belleza seductora de las bailarinas en el *Lido* y el *Moulin Rouge*. Vielleicht die verführerische Schönheit der Tänzerinnen des *Lido* und des *Moulin Rouge* (fi-<u>laicht</u> dii fèr-<u>fyy</u>-rèrishe <u>shoeoen</u>-h'ait dèèr <u>tèn</u>-tserinen dés *Lido* und dés *Moulin Rouge*). Quizá la mañana cuando vi delante de la iglesia *Sacré-Coeur* después de una noche en blanco la salida del sol rojizo. Vielleicht jener Morgen, als ich vor der Kirche *Sacré-Coeur* nach **einer** schlaflosen Nacht den Aufgang der rosigen Sonne gesehen habe (fi-<u>laicht</u> ll<u>ee</u>-ner <u>mor</u>-guen als ij foor dèèr <u>kir</u>-je *Sacré-Cœur* naaj <u>ai</u>-ner <u>shlaaf</u>-loosen najt dén <u>auf</u>-gang dèèr <u>roo</u>-siguen <u>so</u>-ne gué-<u>sè</u>-h'en <u>h'aa</u>-be). ¿Qué me gustó *más*? Was hat mir *am meisten* gefallen (vaas h'at miir am <u>mai</u>-sten gué-falen)? No *lo* sé. Ich weiß *es* **nicht** (ij vais és nijt). Pero sé que estaréis muy felices durante la luna de miel porque París es la ciudad perfecta para el amor y por eso el lugar ideal para una luna de miel. Aber ich weiß, dass Sie während dieser Reise sehr glücklich sein werden, weil Paris die perfekte Stadt ist, um sich zu lieben und deshalb der ideale Ort für eine Hochzeitsreise (<u>aa</u>-bèr ij vais das sii <u>vèè</u>-rend <u>dii</u>-sèr <u>rai</u>-se sèèr <u>glyk</u>-lij sain <u>ver</u>-den vail pa-<u>ris</u> dii pèr-<u>fèk</u>-te shtat ist um sich tsu <u>lii</u>-ben und <u>dés</u>-h'alb dèèr idé-<u>a</u>-le ort fyyr <u>ai</u>-ne <u>h'oj</u>-tsaitsraise).

D Necesitamos las tarjetas de embarque. Wir brauchen die Bordkarten (viir <u>brau</u>-jen dii <u>bord</u>-karten).

E Les las do. Ich gebe **sie Ihnen.** Pues buen vuelo y mucha suerte. Dann einen guten Flug und viel Glück   (dan <u>ai</u>nen <u>guu</u>ten fluug und viil glyk).

P25: Charterflug ¿componentes del sustantivo compuesto? **R25**:C3 **P26: kommt an** ¿por qué ankommen es separable? **R26**: C5 **P27: haben perfecto** con 'haben': ¿regla? **R27**: C6 **P28**: **am meisten** ¿comparativo?   **R28**: C4 **P29: den** ¿caso? **R29**: C2 **P30: blauen** ¿regla? **R30**: C4 **P31**: **vom** ¿qué contracción? **R31**: C2 **P32: einer** declinación del artículo indefinido, ¿regla? **R32**: C2 **P33**: **nicht** ¿cómo se forma la negación? **R33**: C7 **P34**: **sie Ihnen** ¿regla? **R34**: C7

V <u>Expresiones importantes</u>

¿puedo / kann ich, ¿se puede / kann man ¿puedo aparcar aquí / **kann ich hier parken** (kan ij h'iir <u>par</u>-ken), dejar las maletas aquí / **die Koffer hier lassen** (h'iir <u>la</u>-sen), ir a pie / **zu Fuß gehen** (tsu fuus <u>gué</u>-en), sacar fotos / **Fotos machen** (<u>fo</u>-toos <u>ma</u>-jen), invitarlo / la / **Sie einladen** (sii <u>ain</u>-laaden), acompañarlo/la a casa / **Sie nach Hause begleiten** (sii naj <u>h'au</u>se bé-<u>glai</u>-ten)?

Por favor aprender las palabras en el vocabulario de <u>oficina</u> a <u>pie.</u>

Octavo día

El pronombre posesivo con sustantivo

El pronombre posesivo indica la pertenencia de un sustantivo a una cosa o una persona y está de acuerdo con el nombre al que se refiere, en género, número y caso.

El pronombre posesivo nunca es precedido por el artículo.

m	f	n	pl
mein	*meine*	**mein**	*meine*(m, n, f)
mi	mi	mi	mis
dein	*deine*	**dein**	*deine*
tu	tu	tu	tus
proprietario (m)			
sein	*seine*	**sein**	*seine*
su	su	su	sus
proprietaria (f)			
ihr	*ihre*	**ihr**	*ihre*
su	su	su	sus
proprietario (n)			
sein	*seine*	**sein**	*seine*
su	su	su	sus
Ihr	*Ihre*	**Ihr**	*Ihre*
su	su	su	sus
unser	*unsere*	**unser**	*unsere*
nuestro	nuestra	nuestro/a	nuestros/as
euer	*eure*	**euer**	*eure*(1)
vuestro	vuestra	vuestro/a	vuestros/as
ihr	*ihre*	**ihr**	*ihre*
su	su	su	sus
Ihr	*Ihre*	**Ihr**	*Ihre*
su	su	su	sus

E Aquí está mi amigo. Hier ist **mein** Freund.
Aquí está mi amiga. Hier ist *meine* Freundin.
Aquí está mi casa. Hier ist **mein** Haus. Aquí
están mis hijos. Hier sind *meine* Söhne. Aquí
están mis casas. Hier sind *meine* Häuser. Aquí
están mis hijas. Hier sind *meine* Töchter.

R Los pronombres posesivos en el **genero
masculino** y **neutro** son **iquales**.
Los pronombres posesivos en el *genero femenino* y en el *plural* son *iquales*. (**R 35**)

(1) El pronombre posesivo ‚euer' pierde la letra
‚e' en el medio, cuando se agrega una terminación.
E euer Vater, euere > eure Mutter, euere > eure
Brüder
R En alemán, **el sexo del proprietario deter-
mina la forma del pronombre posesivo**.
E Karl ha aparcado su auto. Karl hat **sein** Auto
geparkt.
Stella ha aparcado su auto. Stella hat **ihr** Auto
geparkt.

La declinación del pronombre posesivo

Tabla 11: Declinación del pronombre posesivo

	N	A	D	G
m	**mein**	mein ...	mein ...	mein ...
f	**meine**	meine	mein ...	mein ...
n	**mein**	mein	mein ...	mein ...
pl	**meine**	meine	mein ...	mein …

65

<u>Regla mnemotécnica</u>:

Mi padre piensa: Al mirar el espejo, mi esposa ve a mi esposa, mi hijo ve a mi hijo, mis padres ven a mis padres.

Mein Vater denkt: Den Spiegel betrachtend sieht **meine** Frau meine Frau, sieht **mein** Kind mein Kind, sehen **meine** Eltern meine Eltern.

Completa la tabla 11 según la siguiente regla:

R Como la declinación del artículo indefinido (C2) la declinación del pronombre posesivo se forma con las dos últimas letras del artículo definido:

el pronombre posesivo + **las dos últimas letras del artículo definido.**

Ver tabla 15, C 10, Nr. 2 (**R 37**)

V <u>Expresiones importantes</u>

¿dónde / wo (voo) dónde está/hay … **wo ist / gibt es** … está el/la … más cercano/a / **ist der / die / das nächste** … tiene lugar / **findet statt** (<u>fin</u>-det shtat), puedo encontrar / comprar / **kann ich finden / kaufen** (kan ich <u>fin</u>-den <u>kau</u>-fen), quedamos / **treffen wir uns** (<u>trè</u>-fen viir uns), puedo comprar los billetes / **kann ich die Fahrscheine kaufen** (kann ij dii <u>faar</u>shaine <u>kau</u>fen)?

¿Dónde está / wo ist (voo ist) la gasolinera / **die Tankstelle** (<u>tank</u>-shté- le), el alquiler de coches / **die Autovermietung** (<u>autoo</u>-fèr-miitung), la consigna / **die Gepäckaufbewahrung** (gué-<u>pèk</u>-aufbévaarung), la ventanilla / **der Fahrkartenschalter** (<u>faar</u>-kartenshalter), la facturación/**das Chekin** (tshèk-<u>in</u>), un cajero automático / **ein Geldautomat** (<u>guèld</u>automaaat), un buzón/**ein Briefkasten** (<u>briif</u>-kasten)?

V El pronombre posesivo sin sustantivo

m	f	n	pl
meiner	*meine*	meines	*meine* (m / n / f)
el mío	la mía	lo mío	los/las míos/as
deiner	*deine*	deines	*deine*
el tuyo	la tuya	lo tuyo	los/las tuyos/as
m:seiner	*seine*	seines	*seine*
el suyo	la suya	lo suyo	los/las suyos/as
f: ihrer	*ihre*	ihres	*ihre*
el suyo	la suya	lo suyo	los/las suyos/as
n: seiner	*seine*	seines	*seine*
el suyo	la suya	lo suyo	los/las suyos/as
unserer	*unsere*	unseres	*unsere*
el nuestro	la nuestra	lo nuestro	los/las nuestros/as
eurer	*eure*	eures	*eure*
el vuestro	la vuestra	lo vuestro	los/las vuestros/as
ihrer	*ihre*	ihres	*ihre*
el suyo	la suya	lo suyo	los/las suyos/as
Ihrer	*Ihre*	Ihres	*Ihre*
el suyo	la suya	lo suyo	los/las suyos/as

A Aquí está mi madre. Hier ist *meine* Mutter.

B Aquí está la mía. Hier ist *meine*.

A Aquí están mis hermanos, mis hijos, mis hermanas. Hier sind *meine* Brüder, *meine* Kinder, *meine* Schwestern.

B Aquí están los míos. Hier sind *meine*.

R En el género femenino y en el plural (m/n/f) los pronombres posesivos con sustantivo y los pronombres sin sustantivo son *iquales*.

A Aquí está mi padre. Hier ist mein Vater.

B Aquí está el mío. Hier ist mein**er**.

R El pronombre posesivo masculino con sustantivo + **er** > el pronombre posesivo masculino sin sustantivo:

mein + **er** > mein**er**

A Aquí está mi libro. Hier ist mein Buch.

B Aquí está el mío. Hier ist mein**es**.

R El pronombre posesivo neutro con sustantivo + **-es** > el pronombre posesivo neutro sin sustantivo:

mein + **es** > mein**es**.

Por favor escribir las declinaciones de meiner (m) , meine (f), meines (n), meine (pl) según la siguiente regla:

R La declinación de los pronombres posesivos mein**er,** meine, meines, meine (pl) se forma de la maniera siguiente:

meine + **la última letra del artículo definido** (meinee > meine)

Ver tabla 15, C10, Nr. 3

El pronombre interrogativo

En alemán los pronombres interrogativos qué, cuál, cuáles se traducen con welche**r** (m), welche (f), welche**s** (n), welche (pl).

Tabla 12: <u>Declinación de los pronombres interrogativos</u>

	N	A	D	G
m	welche**r**	welche ..	welche ..	welche ..
f	welche	welch ..	welche ..	welche..
n	welche**s**	welche ..	welche ..	welche ..
pl	welche	welch ..	welche ..	welche ..

Completa la tabla 12 según la siguiente regla:

R   La declinación del pronombre interrogativo
    se forma con la última letra del artículo defi-
    nido.
    welche + **la última letra del artículo**
    definido (welchee > welche) (**R42**)
    Ver tabla 15, C 10, Nr. 4

El pronombre interrogativo también se usa como
pronombre relativo.
E El chico que ve una hermosa chica. Der
   Junge, **welcher** ein schönes Mädchen sieht.

Los pronombres demostrativos

En alemán este, esta, estos(as) se traducen con
diese**r** (m), diese (f), diese**s** (n), diese (pl).

Tabla 13: Declinación de los pronombres
          demostrativos

	N	A	D	G
m	diese**r**	diese ...	diese ...	diese ...
f	diese	diese ...	diese ...	diese ...
n	diese**s**	diese ...	diese ...	diese ...
pl	diese	diese ...	diese ...	diese ...

Completa la tabla 13 según la siguiente regla:
R   diese + **la última letra del artículo defi-**
       nido (ee > e).
       Ver tabla 15, C10, Nr. 5 (**R 36**)

E Este chico es tu hijo? Ist *dieser* Junge   dein
   Sohn?
   No, éste. Nein, *dieser*.

69

R El pronombre demostrativo con sustantivo y el pronombre demostrativo sin sustantivo son *iguales*.

R Puedes usar los artículos **der, die, das** como **pronombre demostrativo**. (**R 40**)

E Este es un vino que proviene de España; éste es muy bueno. Das ist ein Wein, der aus Spanien kommt; **der** ist sehr gut.

V Pronombres relativos

Tabla 14: Declinación de pronombres relativos

	N	A	D	G
m	der	....	....	.... - ...
f	die	....	....	.... - ...
n	das	....	....	.... - ...
pl	die	....	.... - ...	.... - ...

Completa la tabla 14 con la siguiente regla:

R El pronombre relativo se declina como el artículo definido (**ver tabla 15, C 10,** Nr. 6) **(R 38)**

Excepciones: terminación -**sen** (en el genitivo masculino y neutro) terminación -**en** (en el genitivo femenino y plural y en el dativo plural).

Regla mnemotécnica:

Me encuentro con el Sr. Maier, a quien conozco y su novia y su esposo y sus hermanos y sus amigos con quienes celebramos una fiesta.

Ich treffe Herr Maier, den ich kenne und des-**sen** Freundin und de-**ren** Mann und des-**sen** Brüder und de-**ren** Freunde, mit den-**en** wir ein Fest feiern.

V Los pronombres interrogativos
'wer' / quién y 'was / qué

**Completa los pronombres interrogativos se-
gún la siguiente regla**:

R Los pronombres interrogativos 'wer y 'was'
se declinan como los pronombres relativos.
En el género masculino y neutro, la letra **d** se
reempleza por **w**. (**R 43**)

    N   A   D   G

m **d**er / *wer* **d**en / …. **d**em / …. **d**essen / ……...
n **d**as / *was* **d**as / ……..

Usamos los pronombres interrogativos 'wer' y
'was' también como **pronombres relativos**:

E Esto es lo que estoy buscando. Das ist das,
was ich suche.

V Expresiones importantes

¿Cuál es / was (welche/r/s) ist **/** el prefijo /
welche Vorwahl (<u>vél</u>-je <u>foor</u>-vaal), el número de
teléfono / **welche Telefonnummer** (<u>vél</u>-je télé-
<u>foon</u>-numer), la tarifa / **welche Gebühr** (<u>vél</u>-che
gué-<u>byyr</u>), el voltaje / **welche Stromspannung**
(<u>vél</u>-je <u>stroom</u>shpanung), la dirección / **welche
Adresse**? ¿Cuál es el pronóstico del tiempo /
welche Wettervorhersage gibt es (<u>vél</u>-je <u>vè</u>-
tèrfoor-h'èèr-saagué guibt és)? Cuál es el día del
mercado / **an welchem Tag ist Markt** (an <u>vél</u>-
jem taag ist markt)?

La llegada en el hotel / die Ankunft im Hotel

Un hotel en Múnich
Sara S, Diego D, su hija Nora N, señor H

D Buenas tardes, me llamo Diego Días. Guten Abend, ich heiße Diego Días (guu-ten aa-bend ij h'ai-se).

H Encantado. Sehr erfreut (sèèr èr-froit).

D ¿Tienen una habitación doble y una habitación individual para nuestra hija? Haben Sie ein Doppelzimmer und ein Einzelzimmer für **unsere** Tochter (h'aaben sii ain do-peltsimer und ain ain-tsel-tsimer fyyr un-sere toj-ter).

H ¿Cuánto tiempo quieren quedarse? Wie lange wollen Sie bleiben (vii lan-gue wollen sii blai-ben)?

D Por una semana. Für eine Woche (fyr ai-ne vo-je).

H Tienen suerte. Sie haben Glück (sii h'aa-ben glyk). A pesar de la temporada alta tengo unas habitaciónes libres. Obwohl wir uns in der Hauptsaison befinden, habe ich einige freie Zimmer (ob-vool viir uns in dèèr h'aupt-sèsoo be-fin-den 'haabe ij ai-nigue frai-e tsi-mer). Tengo dos habitaciónes con baño, balcón y vistas a las montañas. Ich habe zwei Zimmer mit Bad, Balkon und Sicht auf die Berge (ij 'haabe tsvai tsi-mer mit baad bal-koon und sijt auf dii bèr-gue).

S ¿Cuánto cuesta una noche con desayuno, media pensión y pensión competa? Wie viel kosten eine Übernachtung mit Frühstück, Halbpension und Vollpension (vii viil kos-ten

ai-ne yber-naj-tung mit fryy-shtyk h'alb-pen-
sion und fol-pension)?

H Aquí tiene la lista de precios. Hier haben Sie
die Preisliste (hiir h'aa-ben sii dii prais-liste).

S Es muy caro. Es ist sehr teuer (és ist sèèr
toi-er). ¿Tienen también unas habitaciones
más baratas? Haben Sie auch preisgünstigere
Zimmer (h'aa-ben sii auj praisgynstiguere
tsi-mer)?

H Claro que sí. Na klar (na klaar). Tengo dos
habitaciones con ducha. Ich habe zwei Zimmer mit Dusche (ich h'aa-be tsvai tsi-mer mit
du-shé).

S ¿Podríamos verlas? **Könnten** wir sie sehen?
(koent-en viir sii sè-h'en)?

H Con mucho gusto. Sehr gern (sèèr guèrn). Las
habitaciones están en el cuarto piso. Die
Zimmer sind im vierten Stock (dii tsi-mer
sind im fiirten shtok). Aquí está el ascensor.
Hier ist der Aufzug (hiir ist dèèr auf-tsuug).
Después de la visita. Nach der Besichtigung.

S Nos gustan las habitaciones mucho. Die Zimmer gefallen uns sehr gut (dii tsimer gué-fal-
en uns sèèr guut). Nos quedamos con el-
las.Wir nehmen sie (viir néé-men sii).

H Entonces rellenar este formulario de ingreso,
por favor. Füllen Sie *bitte* **dieses** Anmelde-
formular aus (fy-len sii bi-te dii-ses anmelde-
formu-laar aus). *Firmar* aquí por favor. Bitte
hier *unterschreiben* (bi-te hiir unter-shrai-
ben).

D ¿Hay alguien que podría llevar el equipaje a
la habitación? Gibt es jemand, **der** das Gepäck in das Zimmer bringen könnte (guibt
és lléé-mand dèèr daas gé-pèk in daas tsi-mer

73

<u>brin</u>-gen koente)?

H El botones lleva las maletas a la habitación. Der Hotelboy bringt die Koffer in das Zimmer (dèèr hot<u>el</u>boi bringt dii <u>ko</u>fer in daas <u>tsi</u>mer). Aquí tienen las llaves. Hier haben Sie die Schlüssel (h'iir <u>h'aa</u>-ben sii dii <u>shly</u>-sel).

S ¿A qué hora es el desayuno? Um wie viel Uhr ist das Frühstück (um <u>vii</u> fiil uur ist daas <u>fryy</u>-shtyk)?

H De ocho a diez. Von acht bis zehn Uhr (fon ajt bis tséén uur). El restaurante está al fondo del pasillo. **Das** Restaurant ist am Flurende (daas rèstoorannt ist am fluur-<u>én</u>-de).

D Mañana queremos levantarnos temprano. Morgen wollen wir früh aufstehen (<u>mor</u>guen volen viir fryy <u>auf</u>shtéhen). Por favor despertar nos a las ocho. Wecken Sie uns bitte um acht Uhr (<u>we</u>ken sii uns bitte um ajt uur).

H Por supuesto. Selbstverständlich (sèlbstfèr-<u>stènd</u>lij). Buenas noches. Gute Nacht (guute najt).

Después de una semana muy bella. Nach einer sehr schönen Woche.

D *Salimos* hoy. Wir *reisen* heute *ab* (viir <u>rai</u>-sen <u>h'oi</u>-te ab). ¿A qué hora hay que dejar libre la habitación? Bis wann müssen wir die Zimmer räumen (bis van <u>my</u>-sen viir dii <u>tsi</u>-mer <u>roi</u>-men)?

H Hasta las diez. Bis um zehn Uhr (bis um tséén uur).

D Preparar mi cuenta, por favor. Bereiten Sie bitte **meine** Rechnung vor (be-<u>rai</u>-ten sii bité <u>mai</u>-ne <u>rèj</u>-nung voor.)

C Hasta la vista. Auf Wiedersehen (auf <u>wii</u>-der-sèh'en). Me ha gustado mucho estar aquí. Es hat mir sehr gut gefallen (és h'at miir sèèr guut gué-<u>fa</u>-len).

S Hemos tenido una estancia muy agradable. Wir haben einen sehr angenehmen Aufenthalt gehabt (viir h'<u>aa</u>-ben <u>ai</u>nen sèèr <u>angu</u>énéémen <u>auf</u>-enthalt gué-h'<u>abt</u>).

N Adiós. Tschüss (tshys). Ha sido estupendo. Es war fabelhaft (és vaar <u>faa</u>-bel-h'aft).

H Buen regreso.Gute Rückfahrt (<u>guu</u>te <u>ryk</u>faart).

P35: **unsere** ¿iqual con qué otro pronombre posesivo ? **R35**: C8 **P36**: **dieses** declinación de los pronombres demostrativos: ¿regla? **R36**: C8 **P37**: **meine** declinación del pronombre posesivo: ¿ regla? **R37**: C8

V **P38**: **der** declinación del pronombre relativo: ¿regla? **R38:** C8 **P39**: **könnten** ¿qué expresa el condicional? **R 39**: C5 **P40**: **das** ¿se puede usar los artículos der, die, das cómo qué pronombre? **R40**: C8

V <u>Expresiones importantes</u>

¿cuándo / wann (van), **¿a qué ora / um wie viel Uhr** (um vii viil uur) abren / **öffnet** (<u>oef</u>-net), cierran / **schließt** (shliist), empieza / **beginnt** (bé-<u>guint</u>), termina / **endet** (<u>én</u>-det) sale / **fährt** … **ab** (fèèrt <u>ab</u>), llega / **kommt** … **an** (komt <u>an</u>), es el/la proximo/a / **ist der / die / das nächste** (ist dèèr dii daas <u>nèk</u>-ste)? ¿A partir de qué hora se puede entrar / **ab wie viel Uhr ist Einlass** (ab <u>vii</u> fiil uur ist <u>ain</u>las)?

Por favor aprender las palabras en el vocabulario de <u>piso</u> a <u>reservar.</u>

Nono día

V <u>El espacio / der Raum</u>

por	**durch** (durj)
dentro de	**innerhalb** (<u>i</u>-nerh'alb)
fuera de	**außerhalb** (<u>au</u>-sèrh'alb)
delante de	**vor** (foor)
detrás de	**hinter** (<u>h'in</u>-tèr)
junto a	**neben** (<u>nèè</u>-ben)
sobre	auf
debajo de	unter
cerca de	**in der Nähe** (in dèèr <u>nèè</u>-h'e)
enfrente de	**gegenüber** (guéguen-<u>yy</u>-bèr)

V <u>La llegada / die Ankunft</u>

He llegado …	**Ich bin angekommen ...**
hace siete días	vor sieben Tagen (foor <u>sii</u>-ben <u>taa</u>-guen)
anteayer	vorgestern (<u>foor</u>-guéstern)
ayer	gestern (<u>gué</u>-stern)
hoy	heute (<u>h'oi</u>-te)
acabo de llegar	Ich bin gerade angekommen.
estoy llegando	Ich komme gerade an.

V <u>La salida / die Abreise</u>

Voy a partir. Ich werde gleich abreisen (ich vèr-de glaij <u>ab</u>-raisen).

salgo …	**Ich reise ab …**
ahora	jetzt
inmediatamente	sofort (so-<u>fort</u>)

dentro de dos horas	in zwei Stunden (in tsvai <u>shtun</u>-den)
hoy por la mañana	heute Vormittag (h'<u>oi</u>-te <u>foor</u>-mitaag)
esta tarde	heute Nachmittag (h'<u>oi</u>-te <u>naj</u>-mitaag)
esta noche	heute Nacht (h'<u>oi</u>-te najt)
mañana	morgen (<u>mor</u>-guen)
pasado mañana	übermorgen (<u>yy</u>bèrmorguen)
pronto	bald
dentro de ocho días	in acht Tagen(in ajt <u>taa</u>-guen)

V <u>La frecuencia / die Häufigkeit</u>

nunca	niemals (<u>nii</u>-mals)
a veces	manchmal (<u>manj</u>-maal)
muchas veces	oft
las más veces	meistens (<u>mai</u>-sténs)
siempre	immer (<u>i</u>-mer)

Das Futur / el futuro simple

R   El futuro simple se forma de la siguiente manera:
El auxiliar 'werden' en el presente indicativo + **el infinitivo** del verbo al final de la frase. (**R 24**)

E   Voy a ir al concierto con Carmen. Ich **werde** mit Carmen ins Konzert **gehen**.

R   Cuando hay un adverbio de tiempo que indica el futuro, los alemanes a menudo usan **el indicativo presente** en lugar del futuro, por ejemplo: Mañana iremos al concierto. Morgen **gehen wir** ins Konzert.

77

V Amigos equivocados

complemento / Ergänzung	**Kompliment n** / piropo
concurrencia / Zulauf m	**Konkurrenz f** / competencia
concurso / Wettbewerb m	**Konkurs m** / quiebra
concepto / Vorstellung f	**Konzept n** / borrador
mantel / Tischdecke f	**Mantel m** / abrigo
mapa / Landkarte f	**Mappe f** / carpeta
promoción / Aufstieg	**Promotion f** / doctorado
regalo / Geschenk n	**Regal n** / estantería
romano / Römer m	**Roman m** / novela
término / Ende n	**Termin m** / cita

V Expresiones importantes

Quiero / ich will (ij vil) bajar / **aussteigen** (<u>aus</u>-shtaiguen), pagar / **zahlen** (<u>tsaa</u>-len), llevar / **mitnehmen** (<u>mit</u>-néémen), denunciar un robo / **einen Diebstahl anzeigen** (<u>ai</u>-nen <u>diib</u>-shtaal <u>an</u>-tsai- guen), depositar en la caja / **im Safe deponieren** (im sééf dépo-<u>nii</u>-ren), fijar una cita / **einen Termin vereinbaren** (<u>ai</u>-nen tèr-<u>min</u> fè<u>rain</u>baaren), visitar / **besichtigen** (bé-<u>sij</u>-tiguen), comprar / **kaufen** (<u>kau</u>fen), alquilar / **mieten** (<u>mii</u>ten).

Al restaurante / Im Restaurant

Un restaurante en Múnich
Sara S, Diego D, Nora N, camarera C

D Buenos días. Guten Tag (<u>guu</u>-ten taag). Siento
llegar tarde. Ich bedauere die Verspätung (ij
be-<u>dau</u>-ere dii fèr-<u>shpèè</u>-tung).

C No importa. Das macht nichts (daas majt
nijts).

D Me llamo Diego Días. Mein Name ist Diego
Días (main <u>naa</u>-me ist). Tengo una reserva
para tres personas. Ich habe für drei Personen
reserviert (ich h'<u>aa</u>-be fyyr drai pèr-<u>soo</u>-nen
résèr-<u>viirt</u>).

C En esta mesa pueden *sentarse*. Sie können
sich an diesen Tisch *setzen* (sii <u>koe</u>nen sij an
dii<u>s</u>en tish <u>set</u>sen). Aquí tienen la carta y la
lista de bebidas. Hier haben Sie die Speisekarte und die Getränkeliste (hiir h'<u>aa</u>-ben sii dii
<u>spai</u>-se-karte und dii gué-<u>trèn</u>-keliste). ¿Dese-
an un aperitivo? Wollen Sie einen Aperitif
(<u>vol</u>-en sii <u>ai</u>-nen apéri-<u>tif</u>)?

S Un vaso de vino espumoso con jugo de naranja. Ein Glas Sekt mit Orangensaft (ain glaas
sèkt mit o-<u>ran</u>-shensaft).

N Un aperitivo sin alcohol. Einen **alkoholfreien**
Aperitif (<u>ai</u>-nen alko-h'<u>ool</u>-fraien apéri-<u>tif</u>).

D Una copa de champan. Ein Glas Champagner
(ain glaas sham-<u>pan</u>-llèr).
Despues del aperitivo. Nach dem Aperitif.

C ¿Qué quieren para beber? Was wünschen Sie
zu trinken (vaas <u>vyn</u>-shen sii tsu <u>trin</u>-ken) ?

S Para mí una copa de vino. Für mich ein Glas
Wein (fyyr mij ain glaas vain).

N Para mí un zumo de fruta. Für mich einen Fruchtsaft (fyyr mij ai-nen fru̱jt-saft).

D Una cerveza de barril. Ein Bier vom Fass (ain biir fom fas).

C ¿Qué quieren de primero? Welche Vorspeise wünschen Sie (vél-je foor-shpaise̱ vyn-shen sii)?

D Melone e prosciutto. Melone und Schinken (mé-loo-ne und shin-ken).

N Una sopa con frijoles. Eine Bohnensuppe (ai-ne boo-nensupé).

S Una sopa con tomate. Eine Tomatensuppe (ai-ne to-maa-tensupé).

C ¿Qué quieren de segundo? **Was** möchten Sie als Hauptgericht (vaas moej-ten sii als h'aupt-guérijt)?

N Para mí una comida vegetariana. Für mich ein vegetarisches Gericht (fyyr mij ain végué-taa-rishes gué-rijt). ¿Qué comida me recomienda? **Welches** Gericht empfehlen Sie mir (vél-jes gué-rijt empfèèlen sii miir)?

C *Le* recomiendo lenguado gratinado con arroz. Ich empfehle *Ihnen* gratinierte Seezunge mit Reis (ij empfèle iinen gratiniirte séétsunge mit rais).

D Para mí asado de cerdo y bolas. Für mich Schweinebraten und Klöße (fyyr mij shvai-nebraaten und kloeoese).

S Para mí bistec con patatas fritas y ensalada mixta. Für mich das Steak mit Pommes frites und einen gemischten Salat (fyyr mij daas stèèk mit pom frit und ai-nen gué-mish-ten sa-laat).

C ¿ Cómo quiere el bistec: poco hecho, medio hecho, muy hecho? Wie möchten Sie das

Steak: blutig, halb gar oder durchgebraten (vii moejten sii daas stèèk <u>bluu</u>-tig h'alb-gaar <u>o</u>-dèr <u>durch</u>-guébraaten)?

S   Medio hecho. Halb gar (<u>h'alb</u>-gaar).

C   ¿Qué salsa para la ensalada? Welche Salat-sauce (<u>vél</u>-je sa-<u>laat</u>-soose)?

S   Salsa de yogur. Joghurtsoße (<u>llo</u>gurt-s<u>oo</u>-se).

Después del plato principal. Nach dem Haupt-gericht.

C   ¿Qué desean de postre? Was wünschen Sie als Dessert (vaas <u>vyn</u>-shen sii als de-<u>sèèr</u>)?

D   ¿Qué sabores de helado hay? Welche Eissor-ten gibt es (<u>vél</u>-je <u>ais</u>-sorten guibt és)**?**

C   Frambuesa, chocolate, limón, vainilla, alba-ricoque, fresa, nuez. Himbeere, Schokolade, Zitrone, Vanille, Aprikose, Erdbeer, Walnuss (<u>h'im</u>-béére shoko-<u>laa</u>-de tsi-<u>troo</u>-ne va-<u>ni</u>-lé apri-<u>koo</u>-se <u>èrd</u>-béére <u>val</u>-nus).

D   Un helado variado con crema. Ein gemischtes Eis mit Sahne (gué-<u>mish</u>-tes ais mit <u>saa</u>-ne).

S   ¿Qué pasteles tiene? Welche Kuchen haben Sie (<u>vel</u>-je <u>kuu</u>-jen h'<u>aa</u>-ben sii)?

C   Tarta de frutas y tarta de manzana. Früchte-kuchen und Apfelkuchen (<u>frych</u>-tekuujen und <u>ap</u>-felkuujen).

S   Una tarta de manzana y un café. Einen Apfelkuchen und einen Kaffee (<u>ai</u>-nen <u>ap</u>-felkuujen und <u>ai</u>-nen <u>ka</u>-féé).

N   Apfelstrudel con salsa de vainilla y té de li-món. Apfelstrudel mit Vanillesauce und Tee mit Zitrone (<u>ap</u>-felstruudel mit va-<u>ni</u>-lésoosé und téé mit tsi-<u>troo</u>-ne).

Después de una comida muy buena. Nach einem guten Essen.

C   ¿*Les* ha gustado? Hat es *Ihnen* geschmeckt?

(h'at és ii-nen gué-<u>shmekt</u>)?

S   Estaba buenísimo. Es war sehr gut (és vaar sèèr guut). Do la enhorabuena al cocinero. Ich gratuliere dem Koch (ij gratu<u>lii</u>re déém koj).

D   Me trae la cuenta, por favor. Bringen Sie mir bitte die Rechnung (bringen sii miir bité dii rè̱j-nung). Todo junto. Alles zusammen (<u>a</u>-les tsu-<u>sa</u>-men).

C   He aquí la cuenta. Ich habe hier die Rechnung (ij h'<u>aa</u>-be hiir dii rè̱jnung).

D   Está bien así. Es stimmt so (és stimt soo).

C   Muchas gracias. Vielen Dank (<u>vii</u>-len dank).

P41: einen **alkoholfreien** declinación del adjetivo con el artículo indefinido:¿regla? **R41**: C4

P42: **welches** declinación del pronombre interrogativo 'welche/r/s: ¿regla? **R42**: C8

 V **P43**: **was** declinación de los pronombres interrogativos 'wer' y 'was': ¿regla? **R43**: C8

Por favor aprender las palabras en el vocabulario de <u>restaurante</u> a <u>servir</u>.

Décimo día

Las preposiciones

E Hacia el momento de la campaña electoral el
padre de Carmen viaja por el país sin perder
su coraje, para mantener discursos por el candidato A y en contra el candidato B.

Um die Zeit des Wahlkampfes fährt der Vater
von Carmen **ohne** den Mut zu verlieren
durch das Land, um **für** den Kandidaten A
und **gegen** den Kandidaten B Reden zu
halten.

R **Preposición + acusativo**: **um**, **ohne**, **durch**,
für, **gegen**.

E Carmen viene en tren desde Sevilla. Compré
flores en una florería y espero desde una hora en el andén. Después de su llegada vamos
a algunos amigos para hacer una fiesta con
aquellos.

Carmen kommt **mit** dem Zug **aus** Sevilla. Ich
habe Blumen **von** einem Blumenhändler gekauft und warte **seit** einer Stunde auf dem
Bahnsteig. **Nach** ihrer Ankunft gehen wir **zu**
einigen Freunden, um **bei** diesen ein Fest zu
feiern.

R **Prepocición + dativo**: **mit**, **aus**, **von**, **seit**,
nach, **zu**, **bei**.

E Debido a la batería agotada, Carmen no pudo
informarme durante el viaje que, en lugar del
horario, habrá una huelga y ella llegará más
tarde. A pesar del retraso, fue una buena fiesta.

Wegen des leeren Akkus konnte Carmen

mich **während** der Reise nicht informieren, dass es **statt** des Fahrplans einen Streik gibt und sie **infolge** des Streikes später ankommen wird. **Trotz** der Verspätung war es ein schönes Fest.

R **Preposición + genitivo: wegen**, **während**, **statt**, **infolge**, **trotz**.

V En los grandes almacenes

¿Le puedo ayudar? Kann ich Ihnen helfen (kan ij ii-nen h'èl-fen)*?* Gracias, sólo estoy mirando. Danke, ich schaue mich nur um (dan-ke ij shau-e mij nuur um). ¿Cuánto es? Wie viel kostet das (vii fiil kostet daas)? Es demasiado caro. Es ist zu teuer (és ist tsu toier). ¿Tiene algo más barato? Haben Sie etwas Billigeres (h'aaben sii etvas biligueres)? Esto me gusta; *lo* llevo. Das gefällt mir; ich nehme *es* (daas gué-fèlt miir ij néé-me és). ¿Puedo pagar con esta tarjeta de crédito? Kann ich mit dieser Kreditkarte bezahlen (kan ij mit dii-ser kré-dit-karte bé-tsaa-len)? Quiero un recibo. Ich möchte eine Quittung (ij moejte aine kvitung). ¿Puede envolver*lo* / können Sie *es* einpacken (koe-nen sii és ain-paken)?

V Pedir perdón

Lo siento (mucho).	Es tut mir (sehr) leid.
¡Perdón!	Entschuldigung!
¡Excusa!	Entschuldige!
¡Perdone!	Entschuldigen Sie!
Pedo perdón a Usted.	Ich bitte Sie um Entschuldigung

Tabla 15: **Derivación de declinaciones**

	N	A	D	G
m	(**der**)	den	dem	des
f	(**die**)	(die)	der	der
n	(**das**)	(das)	dem	des
pl	(**die**)	(die)	den	der

Derivación de las declinaciones sin las palabras entre paréntesis.

1 El artículo indefinido: ein + **las últimas dos letras del artículo definido**.

2 El pronombre posesivo (por ejemplo mein): mein + **las últimas dos letras del artículo definido**.

Derivación de las declinaciones con las palabras entre paréntesis.

3 Declinación de los pronombres posesivos
meine**r**, meine, meine**s**, meine (pl)
meine + **la última letra del artículo defini-do** (meinee > meine)

4 Declinación de los pronombres interrogativos
welche**r**, welche, welche**s**, welche (pl)
welche + **la última letra del artículo defini-do** (welchee > welche).

5 Declinación de los pronombres demostrativos
diese**r**, diese, diese**s**, diese (pl)
 jene**r**, jene, jene**s**, jene (pl)
(aquel, aquella, aquello)

diese (jene) + **la última letra del artículo definido.**
(diesee > diese, jenee > jene).

6   El pronombre relativo se declina como el artículo definido.
Excepciones:Desinencia **sen** (en el genitivo masculino y neutro).
Desinencia -**en** (en el genitivo femenino y en el plural del genitivo y en el plural del dativo).

7   Declinación de los pronombres
einer (m), eine (f), eines (n)
keiner (m), keine (f), keines (n), keine (pl)
eine / keine + **la última letra del artículo definido**
(einee > eine, keinee > keine)

V Despues un accidente

Ha habido un accidente. Ein Unfall ist passiert (ain un-fal ist pasiirt). Es una emergencia. Es ist ein Notfall (és ist ain noot-fal). Hay heridos de gravedad. Es gibt Schwerverletzte (és guibt shvèèr-vèrletste). Llame enseguida una ambulancia y la policía. Rufen Sie sofort einen Krankenwagen und die Polizei (ruu-fen sii sofort ainen kran-kenvaaguen und dii poli-tsai). ¿Puede darme su nombre y apellido, su dirección y su seguro. Können Sie mir Ihren Vornamen und Nachnamen, Ihre Adresse und Ihre Versicherung geben (koenen sii miir iiren foornaamen und naajnaamen iire adrèse und iire fèrsijerung guèèben)?

V Hablar con el médico

Estoy / soy …	**Ich bin** …
alérgico/a a	allergisch gegen
	(a-lèr-guish <u>guéé</u>-guen)
vacunado/a contra	geimpft gegen
	(gué-<u>impft</u> <u>guéé</u>-guen)
me he caído	gestürzt (gué-<u>shtyrtst</u>)
embarazada de …meses	im .. Monat schwanger
	(<u>moo</u>-nat <u>shvan</u>guer)
diabético/a	Diabetiker/in (dia-<u>béé</u>-tiker/in)

Tengo …	**Ich habe** …
dolor de cabeza	Kopfschmerzen
	(<u>kopf</u>-shmèrtsen)
dolor de oído	Ohrenschmerzen
	(<u>oo</u>-renshmèrtsen)
dolor de garganta	Halsschmerzen
	(h'als-shmèrtsen)
dolor de espalda	Rückenschmerzen
	(<u>ry</u>-kenshmèrtsen)
il mal di stomaco	Magenschmerzen
	(<u>maa</u>-guenshmèrtsen)
dolor de vientre	Bauchschmerzen
	(<u>bauj</u>-shmèrtsen)
un raffredore	eine Erkältung
	(<u>ai</u>-ne èr-<u>kèl</u>-tung)
fiebre	Fieber (<u>fii</u>-ber)
la tosse	Husten (h'<u>uus</u>-ten)
una indigestión	eine Verdauungsstörung
	(<u>ai</u>-ne fèr-<u>dau</u>-ungsshtoeoerung)
la diarrea	Durchfall (<u>durj</u>-fal)
he vomitado	mich übergeben
	(mij ybèr-<u>guèè</u>-ben)

la tensión alta / baja   einen hohen / niedrigen
                                      Blutdruck
                       (<u>ai</u>-nen <u>h'oo</u>-en <u>nii</u>-driguen <u>bluut</u>-druk)
la nausea   Brechreiz (<u>brèj</u>-raits)
los trastornos circulatorios   Kreislaufstörungen
                       (<u>krais</u>-lauf-shtoeoerunguen)
i dolori qui   Es tut hier weh (és tuut h'iir véé).
Este son mis medicamentos habituales. Ich
nehme diese Medikamente regelmäßig (ich <u>néé</u>-
me <u>dii</u>-<u>se</u> médika-<u>mén</u>-té <u>ré</u>-guelmèèsig).
Llevo un marcapasos. Ich habe einen Herz-
schrittmacher (ij <u>h'aa</u>be <u>ai</u>nen <u>hèrts</u>shritmajer).
¿Podría darme un recibo para mi seguro?
¿Könnten Sie mir eine Quittung für meine
Versicherung geben (<u>koen</u>ten sii miir <u>ai</u>ne
<u>kvi</u>tung fyyr <u>mai</u>ne fèr<u>si</u>jerung <u>gué</u>ében)?

V <u>Expresiones importantes</u>

¿Tengo   ¿tiene qué / muss ich (mus ij), **muss
man** (mus man) reservar / **reservieren** (résèr-
<u>vii</u>ren), cambiar de / **umsteigen** (<u>um</u>-shtaiguen),
pagar una caución / **eine Kaution zahlen** (<u>ai</u>-ne
kautsi-<u>oon</u> <u>tsaa</u>-len)?
¿me puede / können Sie mir (<u>koe</u>-nen sii miir)
explicar / **erklären** (èr-<u>klèè</u>-ren), pedir /
bestellen (bé-<u>shté</u>-len), recomendar / **empfehlen**
(em-<u>pfèè</u>- len), procurarmi / **besorgen** (bé-<u>sor</u>-
guen), mostrar / **zeigen** (<u>tsai</u>-guen), ayudar /
helfen (<u>h'èl</u>-fen), llevar / **bringen** (<u>brin</u>gen), dar /
geben (<u>guèè</u>ben), prestar / **ausleihen** (<u>aus</u>laien)
decir / **sagen** (<u>saa</u>guen), llamar un taxi / **ein Taxi
holen** (ain <u>tak</u>si h'oolen)?

**Por favor aprender las palabras en el vocabu-
lario de <u>siempre</u> a <u>zumo</u>.**

88

V Verbos irregulares I

Grupo 1

Infinitivo	3.pers. sg del pretérito	1/3.pers. del pretérito	auxiliar + participio	tra- ducción
a	**ä**	**ie / i**	**a**	
laufen	läuft	lief	ist gelaufen	correr
blasen	bläst	blies	hat geblasen	soplar

Regla mnemotécnica:

E Te piedo a <u>detener</u> y <u>dejar</u> el auto en el esta-
cionamento porque quiero <u>dormir</u> un poco.
detener / **halten**, dejar / **lassen**, dormir /
schlafen
Quiro <u>aconsejar</u>te: <u>cazar</u> el animale es peligroso. Puedes <u>caer</u>.
aconsejar / **raten**, cazar / **fangen**, caer / **fallen**
Encuentra la tercera persona sg, el pretérito y el
participio de los verbos del grupo 1. Soluciones
> verbos irregolares II

Grupo 2

	a	**ä**	**u**		**a**	
graben	gräbt	grub	hat gegraben	cavar
schlagen	schlägt	schlug	hat geschlagen	golpear
wachsen	wächst	wuchs	ist gewachsen	crecer

Regla mnemotécnica:

E Quiro <u>lavar</u> la ropa y <u>cargar</u>la en el auto. No
tengo que <u>llevar</u>la y puedo <u>conducir</u>.

lavar / **waschen**, cargar / **laden**, llevar / **tragen**, conducir / **fahren**

Encuentra la tercera persona sg, el pretérito y el participio de los verbos del grupo 2.

Soluciones > verbos irregolares II

Grupo 3

e	i	a	e	
geben	gibt	gab	hat gegeben	dar
messen	misst	maß	hat gemessen	medir
treten	tritt	trat	ist getreten	ponerse

E No lo <u>olvides</u>: debes <u>comer</u> el menú, no <u>devorar</u>. olvidar / **vergessen** comer / **essen**, devorar / **fressen**

Encuentra la tercera persona del sg, el pretérito y el participio.

Grupo 4

e	i	a	o
erschrecken asustarse	erschrickt	erschrak	ist erschrocken
nehmen tomar	nimmt	nahm	hat genommen
stechen picar	sticht	stach	hat gestochen
sterben morir	stirbt	starb	ist gestorben
werfen lanzar	wirft	warf	hat geworfen

E Quiero <u>encontrar</u> a la madre de Pablo y pedir-le que me <u>ayude</u> y <u>hable</u> con Pablo. Si él can-cela el compromiso, puede <u>romper</u> mi cora-zón.

encontrar / **treffen**, ayudar / **helfen**, hablar / **sprechen**, romper / **brechen**
Encuentra la tercera persona sg, el pretérito y el participio.

Grupo 5

e	ie	a	e	
lesen	liest	las	hat gelesen	leer
sehen	sieht	sah	hat gesehen	ver
geschehen	geschieht	geschah	ist geschehen	
suceder				

Grupo 6

e	ie	a	o
befehlen	befiehlt	befahl	hat befohlen
mandar			
empfehlen	empfiehlt	empfahl	hat empfohlen
recomendar			
stehlen	stiehlt	stahl	hat gestohlen robar

V Expresiones importantes

Necesito / **ich brauche** (ij <u>brau</u>-je), … es defectuoso / … **ist kaputt** (ist ka-<u>put</u>), … no funciona / … **funktioniert nicht** (funktsio-<u>niirt</u> nijt). ¿Se puede repararlo / **kann man es reparieren** (kan man és repa-<u>rii</u>-ren)? ¿Cuándo estará listo / **wann ist es fertig** (van ist és <u>fèr</u>-tig)? ¿Está incluido … / **ist … im Preis inbegriffen** (ist im prais <u>in</u>-bégrifen)? ¿Le molesta que … / **stört es Sie, wenn** … (shtoeoert és sii vénn)?

91

V Verbos irregulares II

infinitivo	3.pers. del sg	1./3.pers. del pretérito	auxiliar + participio
beginnen empezar	beginnt	begann	hat begonnen
biegen torcer	biegt	bog	hat gebogen
bieten ofrecer	bietet	bot	hat geboten
bitten pedir	bittet	bat	hat gebeten
bleiben quedar	bleibt	blieb	ist geblieben
brechen romper	bricht	brach	hat gebrochen
brennen quemar	brennt	brannte	hat gebrannt
bringen traer	bringt	brachte	hat gebracht
denken pensar	denkt	dachte	hat gedacht
essen comer	isst	aß	hat gegessen
fahren ir	fährt	fuhr	ist gefahren
fallen caer	fällt	fiel	ist gefallen
fangen coger	fängt	fing	hat gefangen
finden encontrar	findet	fand	hat gefunden
fliegen volar	fliegt	flog	ist geflogen

fressen	frisst	fraß	hat gefressen	
devorar				
gehen	geht	ging	ist gegangen	ir
gewinnen	gewinnt	gewann	hat gewonnen	
ganar				
haben	hat	hatte	hat gehabt	
tener				
halten	hält	hielt	hat gehalten	
sostener				
hängen	hängt	hing	hat gehangen	
pender				
heißen	heißt	hieß	hat geheißen	
llamar				
helfen	hilft	half	hat geholfen	
ayudar				
kennen	kennt	kannte	hat gekannt	
conocer				
kommen	kommt	kam	ist gekommen	
venir				
laden	lädt	lud	hat geladen	
cargar				
lassen	lässt	ließ	hat gelassen	
dejar				
leihen	leiht	lieh	hat geliehen	
prestar				
liegen	liegt	lag	hat gelegen	
estar echado				
nennen	nennt	nannte	hat genannt	
nombrar				
raten	rät	riet	hat geraten	
aconsejar				
rennen	rennt	rannte	ist gerannt	
correr				
rufen	ruft	rief	hat gerufen	
llamar				

scheinen brillar	scheint	schien	hat geschienen	
schieben empujar	schiebt	schob	hat geschoben	
schlafen dormir	schläft	schlief	hat geschlafen	
schließen cerrar	schließt	schloss	hat geschlossen	
schneiden cortar	schneidet	schnitt	hat geschnitten	
schreiben escribir	schreibt	schrieb	hat geschrieben	
schwimmen nadar	schwimmt	schwamm	ist geschwommen	
sein	ist	war	ist gewesen	ser
singen cantar	singt	sang	hat gesungen	
sitzen estar sentado	sitzt	saß	hat gesessen	
sprechen hablar	spricht	sprach	hat gesprochen	
springen saltar	springt	sprang	ist gesprungen	
stehen estar en pie	steht	stand	hat gestanden	
steigen subir	steigt	stieg	ist gestiegen	
stoßen empujar	stößt	stieß	hat gestoßen	
streiten disputarse	streitet	stritt	hat gestritten	
tragen llevar	trägt	trug	hat getragen	
treffen encontrar	trifft	traf	hat getroffen	

trinken	trinkt	trank	hat getrunken
beber			
tun	tut	tat	hat getan
hacer			
verbieten	verbietet	verbat	hat verboten
prohibir			
vergessen	vergisst	vergaß	hat vergessen
olvidar			
verlieren	verliert	verlor	hat verloren
perder			
waschen	wäscht	wusch	hat gewaschen
lavar			
werden	wird	wurde	ist geworden
hacerse			
wissen	weiß	wusste	hat gewusst
saber			
ziehen	zieht	zog	hat gezogen
tirar			

Verbos modales

dürfen	darf	durfte	hat gedurft
tener permiso para			
können	kann	konnte	hat gekonnt
poder			
mögen	mag	mochte	hat gemocht
querer			
müssen	muss	musste	hat gemusst
tener que			
sollen	soll	sollte	hat gesollt
deber			
wollen	will	wollte	hat gewollt
querer			

Vocabulario

abrebotellas Flaschenöffner
abrelatas Dosenöffner (m)
abrigo Mantel
abril April (m)
abrir öffnen oefnen
abuelo/a Goβvater/mutter
accidente Unfall (m)
aceite Öl (n) oeoel
aceptar annehmen annéémen
acompañar begleiten beglaiten
adaptador Adapter (m)
aeropuerto Flughafen (m)
agosto August (m)
agotado/a ausverkauft
agradable angenehm
agradecer danken
agua Wasser (n) vaser
☞ mineral Mineralwasser (n)
potable Trinkwasser (n)
ahora jetzt lletst
aire acondicionado
Klimaanlage (f)
albaricoque Aprikose (f)
albergue juvenil
Jugendherberge (f)
albornoz Bademantel (m)
alcohol Alkohol (m)
sin alcohol
alkoholfrei
alemán/ana Deutsche/r
Alemánia Deutschland (n)
Alergia Alergie alèrguii (f)
algo etwas etvas

algodón
Baumwolle
alguno
jemand lléémand
algunos
einige ainigué
allá, allí dort
al menos
mindestens
almohada
Kopfkissen
alquilar
mieten, vermieten
alquiler Miete f
alquiler de coches
Autoverleih (m)
altavoz
Lautsprecher (m)
amable freundlich
amar lieben liiben
ambulancia
Krankenwagen m
año nuevo
Neujahr (n)
antigüedad
Antiquität (f)
anular annulieren
aparcamiento
Parkplatz (m)
aparcar parken
aperitivo Aperitif
apretar drücken
apropiado geeignet

96

aproximadamente ungefähr
aquél jener llééner
arena Sand m
architectura Architektur f
arroz Reis m
arte Kunst f
artificial künstlich
artista Künstler(in)
asado Braten m braaten
asado enrollado Rollbraten m
asador Bratspieß m
ascensor Aufzug m
así so
asiento Sitzplatz m
atención Achtung!
atravesar überqueren
auténtico echt
autobús Autobus m
autopista Autobahn f
avión Flugzeug n
ayer gestern
ayuda Hilfe! h'ilfe
ayudar helfen h'èlfen
ayuntamientoRathaus n
azúcar Zucker tsuker m
azul blau

B

bailar tanzen tantsen
bajar aussteigen
balcón Balkon m balkoon
bañero Bademeister

banco Bank f
bañarse baden
baño Bad
barato billig
barbacoa Grill m
barca Boot n
barco Schiff n
barco de vela Segelboot n
barra de labios Lippenstift m
batería Autobatterie f
bebida Getränk n
bicicleta Fahrrad n
billete Fahrkarte f
bolsa Tüte tyyte f
bolso Handtasche f
boca Mund m
botella Flasche f
bote de remos Ruderboot n
bote salvavvidas Rettungsboot n
botón Knopf m
buscar suchen
buzón Briefkasten

C

caballo Pferd n
cabeza Kopf m
cabina telefónica Telefonzelle
cada jede/r/s
caja Kassef

caja de enfermedad Krankenkasse f
caja fuerte Safe m
calcetín Socke f
calefacción Heizung f
calle Straße f
calle de sentido único Einbahnstraße f
calor Hitze f
cama Bett n
camara de fotos Fotoapparat m
camarera Zimmermädchen f
camarero Kellner
cambiar tauschen , umsteigen umstaiguen
cambio Geldwechsel m
camisa Hemd h'emd n
campo de golf Golfplatz
cancelar entwerten
canción Lied n
candela Kerze f
cansado müde
cara Gesicht n
caravana Wohnwagen m
carne Fleisch n flaish
carné de conducir Führerschein m
carné de idendidad Personalausweis m
carniceria Metzgerei f
carta Brief, Speisekarte

casa Haus h'aus n
casi fast
casino Spielbank
caso de emergencia Notfall m nootfal
castillo Burg f Schloss
catedral Dom doom m
cementerio Friedhof m
cena Abendessen n
cenicero Aschenbecher m
central mittlere/r/s
centro commercial Einkaufszentrum n
cerca de nahe bei
cercano nah naa
cerdo Schweinefleisch
cerrar schließen
certificado Attest n
cerveza Bier n
chaqueta Jacke llake f
chico Junge llunge
chocolate Schokolade f
cielo Himmel m
cigarillo Zigarette f
cine (Kino)film m
cinturo Gürtel guyrtel
circuito Rundfahrt f
cita Termin m
ciudad Stadt f
coche Auto n
coche cama Schlafwagen m

coche de literas
Liegewagen m
cocina Küche kyje f
cocinar kochen
colchón Matratze f
colchoneta
Luftmatratze f
colega Kollege(in)
color Farbe f
comedor Speisesaal m
comer essen èsen
comida Mittagessen n
compartimento Abteil n
compra Kauf m
comprar kaufen
compresa Damenbinde f
concierto Konzert n
confirmar bestätigen
con frecuenzia oft
con gas
Kohlensäurehaltig
conocer kennen
consigna
Gepäckaufbewahrung f
contemplar betrachten
contener enthalten
contrato Vertrag m
controlar kontrollieren
convent Kloster n
corazón Herz n h'èrts
cordero Lamm n
correo aéreo Luftpost f
correspondenciaAnschluss
corriente Strömung f
cortar schneiden shnaiden

costa Küste f
costar kosten
crema Sahne f
crema solar
Sonnencreme f
crudo/a roh roo
cruze Kreuzung f
cruzero Kreuzfahrt f
cuadro Bild n
cuarto Viertel n
cubierto Gedeck n
cubo Eimer m
cubo de basura
Mülleimer m
cuenta Rechnung f
cuchara Löffel m
cucharita de té
Teelöffel m
cuchillo Messer m
cuerpo Körper m
cumpleaños
Geburtstag m
curso Kurs m
D
daño Schaden m
dar geben guèben
deber schulden
decir sagen saguen
decisión Entscheidung
dedo Finger m
dejar lassen
deletrear
dentifrico Zahnpasta   f
demasiado zu viel
buchstabieren

dentista Zahnarzt m
dentro de innerhalb
denunciar anzeigen
derecho geradeaus
desayuno Frühstück n
describir beschreiben
descuento Rabatt m
desear wünschen
despedir verabschieden
despertar wecken véken
desviación Umleitung f
detrás de hinter h'inter
día Tag taag m
día de fiesta Feiertag m
día lavorable Werktag m
diarrea Durchfall m
diciembre Dezember m
diente Zahn m
dieta Diät f
diferente verschieden
dinero Geld guèld n
dirección
Adresse f, Richtung f
directo direkt dirèkt
discoteca Diskothek f
distancia Entfernung f
dolor Schmerz shmèrts m
domingo Sonntag m
dormir schlafen
ducha Dusche dushe f
durar dauern
E
edad Alter n
eléctrico elektrisch
embajada Botschaft f

embarcadero
Anlegestelle f
empezar beginnen
en alguna parte
irgendwo
enchufe Steckdose f
encontrar treffen
finden
encuentro Treffen
enero Januar m
enfermedad Krankheit
enfermo/a krank
enfrente de gegenüber
en lugar de statt
ensalada Salat m
ensalada de frutas
Obstsalat m
en seguida sofort
entender verstehen
entrada Eingang m
Eintrittskarte/-preis
enviar schicken
equipaje Gepäck n
equipo Mannschaft f
error Fehler m
escalera Treppe f
escalera mecánica
Rolltreppe f
escalope Schnitzel n
escaparate
Schaufenster n
escoba Besen bèsen m
escribir schreiben
escultor Bildhauer m
escultura Bildhauerei f

espalda Rücken ryken m
esparadrapo Pflaster m
especia Gewürz guévyrts n
espejo Spiegel shpiiguel m
esperar warten varten
esposo Ehemann m
esposa Ehefrau f
esquí de fondo
Langlauf m
estación Bahnhof m
estar sein sain
estar en pie stehen
estar sentado sitzen
esta, este, esto diese/r/s
estación Bahnhof m
estación del año
Jahreszeit f
estación terminal
Endstation f
estancia Aufenthalt m
este Osten oosten m
estilo Stil stiil m
estómago Magen m
estrecho eng, schmal
estupendo prächtig
excursión en bicicleta
Radtour f
explicar erklären
exposición Ausstellung f
expresión Ausdruck m
extranjero Ausland n

F

factor de protección solar
Lichtschutzfaktor
lijchtshutsfaktor m

falda Rock m
faltar fehlen
nfamilia Familie f
farmacia Apotheke f
febrero Februar m
fecha Datum n
fecha de nacimiento
Geburtsdatum n
felicitación
Glückwunsch m
feliz glücklich
feria Messe mèse f
ferry Fähre fèère f
fiesta Fest n
fin Ende énde n
firma Unterschrift f
firmar unterschreiben
flor Blume bluume f
forma Form f
fotografia Foto n
freno Bremse f
fresa Erdbeere f
fresco Fresco frèsko n
frito gebraten
frontera Grenze f
fruta Obst n
fuego Feuer foier n
fuente Brunnen m
fumador Raucher
fumar rauchen
funcionar
fuktionieren
funicular
Seilbahn f
futuro Zukunft

101

G

gafas Brille brile f
galería Galerie f
galleta Keks m
ganar gewinnen
gasóleo Diesel-Benzin n
gasolina Benzin n
gasolinera Tankstelle f
gastar ausgeben
gente Leute loite (pl)
goma Gummi m
gota Tropfen m
gramo Gramm n
grandes almacenes
Kaufhaus n
grasa Fett n
grifo Wasserhahn m
grupo Gruppe f
guía turístico
Reiseführer m
guardarropa Garderobe f
guarnición Beilage f
gustar gefallen,schmecken

H

haber haben h'aaben
habitación Zimmer n
habitación doble
Doppelzimmer n
habitación individual
Einzelzimmer n
habitante Einwohner m
hablar sprechen shprèjen
hacer machen majen
hacer camping
zelten tsèlten

hacer una radiografia
röntgen roentguen
hambre Hunger m
hongo Pilz m
hora Stunde f
horas de apertura
Öffnungszeiten (pl)
heladería Eisdiele f
helado Speiseeis n
helicóptero
Hubschrauber m
hermana Schwester f
hermano Bruder m
hielo Eis n
hija Tochter f
hijo Sohn m
historia Geschichte f
hombre Mann m
horario Fahrplan m
hospital
Krankenhaus n
hostería Gasthaus n
hotel Hotel n
hoy heute h'oite
hueso Knochen m
huevo Ei n
huevo duro
hartes Ei
huvo pasado por aqua
weiches Ei vaijes ai

I

ida y vuelta hin und
zurück h'iin tsuryk
igual gleich glaich
igualmente gleichfalls

impermeable
Regenmantel m
importante wichtig vijtig
importe Betrag bétraag m
incluido inbegriffen
infección Infektion f
información Auskunft
informar benachrichtigen
informarse sich informieren
inicio Anfang m
inscripción Anmeldung f
insecto Insekt n
interesar interessieren
intèrprete Dolmetscher m
invierno Winter m
invitar einladen ainlaaden
ir fahren faaren
gehen guéen
isla Insel f

J

jabón Seife saife f
jamón Schinken shinken
jamón en rollo Rollschinken
jardin Garten m
jefe de cocina Küchenchef
jojero Juwelier lluveliir m
juego Spiel shpiil n
jueves Donnerstag m
jugar spielen shpijlen
junio Juni lluunii m
julio Juli lluulii m

K

kilómetro Kilometer m
kiosco
Zeitungskiosk m

L

labio Lippe f
lago See séé m
lámpara Lampe f
lancha motora
Motorboot
lata Konservendose f
lavabo Waschbecken
lavar waschen
laxante Abführmittel n
leche Milch f
leer lesen lèèsen
levantarse aufstehen
libreria Buchhandlung
libro Buch buuj n
licor Likör likoeoer m
limón Zitrone tsitroone
limonadaLimonade f
limpiar reinigen
limpio sauber
liquidaciónAusverkauf
liquido Flüssigkeit f
lista Liste f
liste fertig fèrtig
litro Liter m
llamar holen h'oolen
llamarse heißen haisen
llave Schlüssel shlysel
llegada Ankunft f
llegar ankommen
llenar ausfüllen
lleno voll
llevar bringen
tragen
llover regnen règnen

lluvia Regen rèèguen
lugar Ort m
luna Mond moond m
lunes Montag m
luz Licht lijt n
M
madre Mutter f
magnifico herrlich h'èrlij
maleta Koffer m
mañana Morgen morguen
mano Hand h'and f
manta Bettdecke f
mantequilla Butter f
manzana Apfel m
mapa Landkarte f
maquinilla de afeitar
Rasierapparat m
mar Meer méér n
marea alta Flut fluut f
marisco Meeresfrüchte pl
marroquinería Lederwaren
martes Dienstag diinstaag
mMarzo März mèrts m
más mehr méér
material Material n
mayo Mai m
mecánico Mechaniker m
mechero Feuerzeug n
media Strumpf m
medianoche Mitternacht f
media pensión Halbpension
médica ärztin èèrtztin
medicamento Medikament
médico Arzt m
medio Mitte f

mediodía Mittag m
medir messen
melocotón Pfirsich
menos minus
mensaje Nachricht f
mercadillo Flohmarkt
mercado Markt m
mermelada Marmelade
mes Monat m
metro Meter m U-bahn
miel Honig h'oonig m
miércoles Mittwoch m
mínimo Minimum n
mirada Blick m
mitad Hälfte h'èlfte
mixto gemischt
mochila rucksack m
moda Mode f
molestar stören
momento Moment
moneda Münze f
monedero Geldbörse f
montaña Berg bèèrg m
guía de montaña
Bergführer m
morder beißen
mosquito Mücke f
mostrar zeigen
moto Motorrad n
motor Motor m
mover bewegen
móvil Handy n
mujer Frau f
muro Mauer f
músculo Muskel f

104

museo Museum n

N

nacido geboren

nacionalidad Nationalität

nada nichts

nadar schwimmen

naranja Orange orasche

nariz Nase naase f

navegar a vela segeln

necesario nötig noeoetig

necesitar brauchen

neumático Reifen m

niebla Nebel nèèbel m

nieve Schnee shnéé m

niño Kind n

no nicht

noche Nacht najt f

nombre Name naame m

norte Norden m

novela Roman romaan m

novio Geliebter m

noviembre November m

nuez Walnuss vaalnus f

número Zahl tsaal f

nunca nie nii

nuve Wolke volke f

O

objeto Gegenstand m

octubre Oktober m

ocuparse sich beschäftigen

oficina Büro byroo n

oficina de correos
Postamt n

oficina de turismo
Fremdenverkehrsamt n

ofrecer anbieten

oír hören h'oeoeren

ojo Auge augue n

olvidar vergessen

ópera Oper f

operación Operation f

óptico Optiker m

oro Gold n

otoño Herbst

otro/a andere/r7s

P

paciente Patient m

padre Vater faater m

padres Eltern pl

pagar zahlen tsaalen

país Land n

palabra Wort n

palacio Palast m

pan Brot broot n

panadería Bäckerei f

panecillo Brötchen n

pantalón Hose h'oose f

pañuelo Taschentuch n

papel Papier papiir n

papel higiénico
Toilettenpapier n

par Paar n

parada Haltestelle f

parada de autobús
Bushaltestelle f

paraguas Regenschirm

parapente
Gleitschirmfliegen

parar anhalten

parasol Sonnenschirm

parque Park m
parquimetro Parkuhr f
parte Teil tail m
pasaporte Pass m
pasar verbringen
Pascua Ostern n
pastas Teigwaren pl
pastel Kuchen m
pastelería Konditorei f
patata Kartoffel f
patín acuático Tretboot n
patinaje sobre hielo
Eislauf m
peaje Maut f
peatón/a Fußgänger/in
pediatra Kinderarzt m
pedir bitten, bestellen
peine Kamm m
película Film m
película en color
Farbfilm m
pelicula para diapositivas
Diafilm m
peligro Gefahr f
peligroso gefährlich
peluquero Friseur m
pelo Haar n
pensar denken
pensión Pension f
perder verlieren
perdonar entschuldigen
periódico Zeitung f
permitir erlauben
persona Person f
perro Hund h'und m

pertenecer gehören
pescado Fisch fish m
pescar angeln
picadura de insecto
Insektenstich m
picante scharf
pie Fuß m
piel Haut f
pila Batterie f
píldora Pille f
pimienta Pfeffer
pintar malen
pintor Maler m
pintura Malerei f
piscina Schwimmbad
piso Stockwerk n
pista de fondo Loipe f
plan Plan m
planchar bügeln
planear planen
plano de la ciudad
Stadtplan m
planta Pflanze f
plato Teller, Gericht
playa Strand m
plaza Platz m
plomo Blei n
sin plomo bleifrei
poco wenig véénig
poder können, dürfen
policia Polizei f
pollo Hähnchen n
poner setzen, legen
por ciento Prozent n
por desgracia leider

por favor bitte
por expreso
durch Eilbote
por la noche nachts
portero Portier m
posible möglich
postal Postkarte f
postigo Fensterladen m
postre Nachtisch m
precio Preis m
preferir vorziehen
prefijo Vorwahl f
pregunta Frage fraague f
preguntar fragen
presentar vorstellen
prestar verleihen
primavera Frühling m
primo /a Cousin/e
prisa Eile f
prismáticos Fernglas n
privado Privat
probar probieren
procurar besorgen
profesión Beruf m
profundo tief
programa Programm n
prohibir verbieten
pronunciar aussprechen
pronto bald
prospecto Prospekt m
próximo nächster
pueblo Dorf n
puente Brücke f
puerta Tür f
puerto Hafen m

puntual pünktlich
puro rein
Q
que als
quedarse bleiben
querer lieben, wollen
queso Käse kèèse m
quizas vielleicht
R
ración Portion f
razón Grund m
recepsión Rezeption f
receta Rezept rétzèpt n
recibir bekommen
recibo Quittung f
reclamación
Beanstandung f
reclamar
reklamieren
recomendar
empfehlen
redondo rund
regalo Geschenk
región Gegend f
reir lachen
reloj Uhr uur f
reparición
Reperatur f
reparar reparieren
repetir wiederholen
reserva Reservierung
reservar reservieren
respirar atmen
responder antworten
restaurante Restaurant

retirar abheben
retraso Verspätung f
revista Zeitschrift
río Fluss m
robar stehlen stèèlen
robo Diebstahl m
rodaja Scheibe f
rojo/a rot
romper brechen brèjen
ropa Bekleidung f
rosa Rose f
roto/a kaput
ruidoso laut
S
sábado Samstag m
sábana Bettlaken n
saber wissen visen
sacacorchos
Korkenzieher m
sacar fotografieren
sal Salz n
salchicha Wurst f
salida
Abreise f, Ausgang m
salida de emergencia
Notausgang m
salir
abreisen, ausgehen
salmón Lachs laks m
salón de baile
Tanzlokal n
salsa Soße f
salud Gesundheit f prost
saludar grüßen
saludo Gruß gruus m

salvar retten
salvavidas
Rettungsring m
sangrar bluten
sangre Blut n
se man
sed Durst m
seguro Versicherung
seguro/a sicher
sello Briefmarke f
semana Woche f
sendero Fußpfad m
señor Herr m
señora Dame f
sentarse
sich hinsetzen
sentir
fühlen, bedauern
separado/a getrennt
septiembre September
ser sein sain
servicio
Bedienung f, Toilette f
servicio religioso
Gottesdienst
servilleta Serviette f
servir bedienen
siempre immer
siglo Jahrhundert n
significar bedeuten
silla Stuhl stuul m
sin ohne oone
sobre
Briefumschlag m
sol Sonne f

solo/a allein
sólo nur
soltero ledig leedig
sombra Schatten m
sombrero Hut huut m
sonar klingeln
sopa Suppe f
sorpresa überraschung f
subir einsteigen
sucio schmutzig
suerte Glück
suficiente genug guenuug
sumergir tauchen taujen
super mercado
Supermarkt m
sur Süden syyden m
T
talla Größe f
taller Werkstatt f
también auch
tardar Zeit brauchen
tarde
Abend m, Nachmittag m
tarifa Gebühr f
tarjeta de crédito
Kreditkarte f
tarjeta telefónica
Telefonkarte f
tasca Kneipe f
taza Tasse f
teatro Theater m
tela Stoff m
telefonear telefonieren
teléfono Telefon n
telesilla Sessellift m

telesquí Skilift m
temporada Saison f
temporada alta
Hochsaison f
temporada baja
Nachsaison f
tenedor Gabel f
tener haben, halten
tener lugar
stattfinden
tener que müssen
tercio Drittel n
terminar beenden
termómetro
Fieberthermometer n
ternera Kalbfleisch n
tiempo Wetter, Zeit f
tienda Geschäft n
 Zelt n
tienda de fotografia
Fotogeschäft n
tijeras Schere shèère f
timbre Türklingel f
tío Onkel m
tirar ziehen
toalla Handtuch n
tocar berühren
todavia noch
todo/a ganz, alles
tomar nehmen, trinken
tonto dumm
torre Turm m
tortilla Omelett n
trabajar arbeiten
traducir übersetzen

109

televisión Fernsehen n
traje Anzug antsuug m
tranquilo/a ruhig ruuig
transportar transportieren
tranvía Straßenbahn f
tratar behandeln
tren Zug tsuug m
tren expresso Schnellzug
trozo Stück styk n
tumbona Liegestuhl m
U
uña Fingernagel m
urgente dringend
usar benutzen
V
vainilla
Vanille f
vacaciones Ferien pl
válido gültig
vaso Trinkglas n
velocidad Geschwindigkeit
vender verkaufen
venir kommen
venta Verkauf
venta de entradas
Kartenverkauf m
ventana Fenster n
ventanilla
Fahrkartenschalter m
ventilador Ventilator m
ver sehen
verano Sommer m
verdura Gemüse n
vestido Kleid klaid n
vez Mal n

traer (mit)bringen
viaje Reise raise f
viento Wind vind
viernes Freitag m
vinagre Essig m
vino Wein vain m
vino blanco
Weißwein m
vino tinto
Rotwein m
viña Weinberg m
violencia Gewalt
visa Visum n
visita Besichtigung
visita guiada
Führung f
visitar besichtigen
vista Aussicht
viudo/a Witwe(r)
vivir leben, wohnen
volar fliegen
voltaje
Stromspannung f
volver zurückkehren
volver a ver
wiedersehen
voz Stimme f
vuelo Flug fluug m
vuelta Tour
Rückkehr
Rundreise,
Y
ya schon
Z
zumo Saft m

Del mismo autor

Inglés en 10 días
Editor: Books on Demand
2019

Francés en 10 días
Editor: Books on Demand
2019